Hugo M. Enomiya-Lassalle

Zen unter Christen

topos taschenbücher, Band 1049
Eine Produktion der Verlagsgemeinschaft topos plus

Hugo M. Enomiya-Lassalle

Zen unter Christen

Östliche Meditation und christliche Spiritualität

Mit einer Einleitung von Ursula Baatz

topos taschenbücher

Verlagsgemeinschaft topos plus
Butzon & Bercker, Kevelaer
Don Bosco, München
Echter, Würzburg
Lahn-Verlag, Kevelaer
Matthias Grünewald Verlag, Ostfildern
Paulusverlag, Freiburg (Schweiz)
Verlag Friedrich Pustet, Regensburg
Tyrolia, Innsbruck

Eine Initiative der Verlagsgruppe engagement

www.topos-taschenbuecher.de

Bibliografische Information der Deutschen Nationalbibliothek
Die Deutsche Nationalbibliothek verzeichnet diese Publikation in der Deutschen Nationalbibliografie; detaillierte bibliografische Daten sind im Internet über http://dnb.d-nb.de abrufbar.

ISBN 978-3-8367-1049-7
E-Book (PDF): ISBN 978-3-8367-5048-6
E-Pub: ISBN 978-3-8367-6048-5

Umschlagabbildung: © Olga Lyubkino/Shutterstock.com
Einband- und Reihengestaltung: Finken & Bumiller, Stuttgart
Satz: SATZstudio Josef Pieper, Bedburg-Hau
Herstellung: Friedrich Pustet, Regensburg
Printed in Germany

Inhalt

Hugo M. Enomiya-Lassalle: Nicht nur Meditationsschemel

Ursula Baatz

Im Sommer 1990, am 7. Juli, starb in einem Spital in Münster Hugo Makibi Enomiya-Lassalle, 92 Jahre alt, japanischer Staatsbürger deutscher Herkunft, Jesuit und Zen-Lehrer. Der historische Brückenschlag zwischen Christentum und Zen-Buddhismus ist sein Verdienst. Wer heute als Christ oder mit christlichem Hintergrund in Europa, Asien, Nord- oder Süd-Amerika Zen übt, verdankt dies Hugo Lassalle. Auch die Wiederentdeckung christlicher Mystik ist zu einem guten Teil sein Verdienst. Das kleine Büchlein *Zen unter Christen* fasst seine Sicht knapp und gut zusammen. Vor allem macht es auch seinen Optimismus deutlich, was die Zukunft der Menschheit betrifft, ein Optimismus, der in der Fähigkeit zur Selbstgestaltung des Menschen durch Meditation gründet.

I.

Lassalle kam 1929 als Missionar nach Japan und engagierte sich zunächst in Tokyo in der Sozialarbeit. Er hatte vermutlich schon während seines Studiums Kontakte zu Kreisen in der katholischen Kirche, die ab den 1920er-Jahren für ein inkulturiertes Christentums eintraten. Ab 1935 war er Missionssuperior und ließ das Noviziat in Nagatsuka (in der Nähe von Hiroshima) in japanischem Stil bauen, ebenso die Kapelle – wohl der erste christliche Sakralraum in japanischem Stil. 1939 übersiedelte er selbst nach Hiroshima. Die Atmosphäre im Japan der 1930er-Jahre war durch einen militaristischen Nationalismus geprägt. Der Zen-Buddhismus galt als die Essenz des Japanischen, und deswegen war Lassalle daran interessiert. Auch suchte er nach einer Form des Betens, die für japanische Christen passender war als die wortreiche europäische Variante. So nahm er im Kriegswinter 1943 an einem Sesshin in einem Soto-Zen-Kloster in der Nähe Hiroshimas teil. Was heute selbstverständlich erscheint, war es damals keineswegs, da die „communicatio in sacris", die Teilnahme an nicht-christlichen Kulthandlungen, untersagt war. Daher hatten sich 1936 katholische Studenten geweigert, vor dem Yasukuni-Schrein in Tokyo, dem bis heute umstrtittenen Denkmal für gefallene japanische Soldaten, an einer Shinto-Zeremonie teilzunehmen. Die römische Behörde erlaubte die Teilnahme, sofern dies nicht in religiöser Haltung geschah. Es mag sein, dass Lassalle dies als Präzendenzfall sah, da sein Interesse ja dem Zen als Ausdruck der japanischen Kultur galt. Am 6. August 1945 warfen die USA die Atombombe auf Hiroshima ab, die die Stadt in Schutt und Asche legte. Lassalle überlebte dank der Steinmauern des Pfarrhauses die Hitzestrahlung und erlitt nur leichte Verletzungen. Ab Herbst 1945 bemühte er sich um den Bau der Weltfriedenskirche in Hiroshima, um dort sein Inkulturationsprojekt fortzusetzen. Internationale Beteiligung machte es möglich, und die Einweihung der Kirche in modernem japanischen Stil am 6. 8. 1954 war ein Großereignis. Am Abend dieses Tages teilten die Oberen Lassalle mit, dass nicht er der Pfarrer werden würde. Für den schwierigen Prozess seiner Neuorientierung waren die spirituelle Erfahrung und die geistlichen Früchte des Sesshins 1943 bestimmend. 58-jährig beschloss er, den Zen-Weg zu seinem Lebensinhalt zu machen, zunächst unter der Führung von Harada Roshi, einem der wichtigsten Zen-Meister der Zeit, und dann unter dessen Nachfolger Yamada Koun Roshi. Dabei suchte Lassalle Schritt für Schritt nach Parallelen und Verbindungen zwischen Zen und christlicher Mystik. Mit dem Zweiten Vatikanum gab es für diesen schwierigen Vorstoß in spirituelles Neuland eine Basis, sodass Lassalle seinen immer umstrittenen Weg gehen konnte. Im Orden wurde er vor allem von Pedro Arrupe als Provinzial und später als Ordensgeneral unterstützt. Anfang der 1960er-Jahre errichtete Lassalle in der Nähe von Hiroshima ein erstes christliches „Zen-Retreat-House“; ab 1969 diente das Zen-Retreat-House Shinmeikutsu in der Nähe von Tokyo für Zen-Kurse. 1968 gab er in Europa die ersten Zen-Kurse, denen unzählige weitere folgten. Auf seine Anregung wurde aus dem Franziskaner-Konvent Dietfurt/Altmühltal 1977 das bis heute bestehende Meditationshaus St.Franziskus, das erste christliche Zen-Zentrum in Europa.

1979 erhielt Lassalle von Yamada Koun Roshi die formelle Erlaubnis, Zen zu lehren, und übernahm damit als katholischer Priester und Ordensmann ein buddhistisches Amt – religionshistorisch ein Novum. Neben seiner umfangreichen Lehrtätigkeit – er war bis 1988 die meiste Zeit des Jahres unterwegs, um Sesshins zu geben – schrieb Lassalle eine Reihe Bücher, in denen er aufzeigte, warum und wie Christen Zen üben können. Yamada Koun Roshi starb am 13. September 1989, Hugo Lassalle neun Monate später. Die Urne mit seiner Asche wurde in der Weltfriedenskirche in Hiroshima beigesetzt.

II.

Hugo Lassalle war kein frustrierter Christ. Seine Identität als Christ hat er nie in irgendeiner Form infrage gestellt, wie seine Tagebücher zeigen. Im Gegenteil, der Zen-Weg hat ihn in seiner Lebenspraxis als Jesuit bestärkt. Manche haben das mit Misstrauen gesehen – die einen, weil sie meinten, er sei dem Christentum untreu geworden, die anderen, weil sie meinten, er sei kein echter „Zen-Mensch". Tatsächlich verschmolz beides für ihn: *Anfangs waren Christentum und Zen wie zwei Parallelen, das heißt, ich blieb dem Christentum treu, doch im Zen folgte ich den Anweisungen der Meister. Aber mit der Zeit wurde aus diesen beiden Linien eine einzige – das geschah einfach. Wenigstens für mich selbst gibt es keinen Widerspruch, ob man das nun glaubt oder nicht*" Das schrieb er 1985 in einem Bericht für seinen Zen-Meister Yamada Koun. (1998, S. 361)

Lassalle hatte als Student eine tiefe mystische Erfahrung: Vielleicht verbrachte er deswegen sein Tertiat bei dem französischen Jesuiten und Mystiker Poullier, bei dem er mit der christlichen Mystik vertraut wurde. Für den Jesuiten Lassalle war traditionelle Askese selbstverständlich, u. a. „Disziplin", also Selbstgeißelung, und ein sehr genügsamer Lebensstil. Erst die Zen-Übung erschloss ihm einen Weg zu innerer Ruhe jenseits hindernder Gedanken. Wie P. Poullier sah Lassalle als Ziel menschlichen Lebens die Vereinigung mit Gott, für Laien wie Ordensleute. Da die Praxis der Zen-Mönche seiner eigenen jesuitischen Praxis ähnelte, musste, so schlussfolgerte er, auch das Lebensziel ähnlich sein. Zwar spricht man im Buddhismus nicht von „unvergänglicher Glückseligkeit", und Nirvana wird negativ beschrieben. Doch die mit dem „Erwachen" verbundene Freude, aber auch die negativen Formulierungen von Mystikern wie Meister Eckhart oder Johannes vom Kreuz legten es Lassalle nahe, Gotteserfahrung und Erfahrung des Erwachens zu parallelisieren. Auch hob Lassalle hervor, dass ähnlich wie im Zen auch im Christentum seit den Kirchenvätern ein über begriffliches Denken hinausgehendes Bewusstsein die Voraussetzung für Gotteserfahrung ist – Pseudodionysius z. B. spricht von „Nicht-Sehen" und „Nicht-Wissen". Lassalle ging phänomenologisch vor und hielt Abstand von Hypothesen wie jener einer aller Mystik und Spiritualität zugrunde liegenden „philosophia perennis" (Aldous Huxley 1946). Wichtig war es Lassalle jedoch aufzuzeigen, dass die Dimension des „nada, nada" – wie Johannes vom Kreuz sagt – in allen spirituellen Traditionen zum letzten Grund von Erfahrung führt.

Die seit Ende der 1960er-Jahre statistisch belegte Erosion des traditionellen Glaubens in Europa fiel Lassalle bereits 1946 auf einer Reise durch das zerstörte Nachkriegsdeutschland auf. Die europäischen Formen des wortreichen Betens waren für Japaner unpassend. Die Stille und Sammlung, die in der Zen-Praxis entsteht und geübt wird, kann ein hilfreicher Weg des Gebets und der Gotteserfahrung sein, fand Lassalle. Dass Körperhaltung und Atmung die geistliche Übung unterstützen, war neu und führte zu einer tiefgreifenden Neuorientierung, auch wenn Lassalle die asketische Praxis beibehielt. Dieser Wandel wird an einer Stelle der Tagebücher sehr deutlich. Nach einer Motorradfahrt an einem kalten Morgen im Dezember 1957 heißt es:

Die Fahrt durch den kalten Wintermorgen war mir in dieser frostigen, nebligen, [...] mit Raureif bedeckten Landschaft wirklich ein Hochgenuss. Vielleicht hat das Zazen auch was damit zu tun. Da der Geist leer wird, kann man die Natur besser genießen. Man fühlt sich in etwa eins mit dieser Natur. Wenn es keine Schlechtigkeit bei den Menschen gäbe, könnte man schon mit dieser Wirklichkeit glücklich und zufrieden sein.

Er begann, inspiriert von dem englischen Mystiker Richard Rolle, *innere Wachsamkeit auf das Vollkommene und wenn möglich Vereinigung mit Gott im Herzen* zu üben. (1998, S. 264)

III.

Für den Brückenschlag zwischen Zen-Buddhismus und Christentum gab es von zen-buddhistischer wie christlicher Seite gute Gründe. Im Klima des Kalten Krieges schien sowohl für Yamada Roshi wie auch für Hugo Lassalle – beide waren Kriegsteilnehmer gewesen – die Praxis des Zen, die zu einer Relativierung des Ego und des Egoismus sowie zu einer Überwindung eines Denkens, das sich an Gegensätzen orientiert – „West-Ost", „Freund-Feind", „Schwarz-Weiß", „Natur-Kultur" etc. –, führt, ein wesentlicher Beitrag zum Weltfrieden zu sein.

Dazu kam, dass Lassalle im Zen-Weg einen Weg der Gotteserfahrung sah für Menschen, die mit dem traditionellen, rational argumentierenden Christentum nichts mehr anfangen konnten. Yamada Koun Roshi wiederum meinte, dass Zen in Japan im Niedergang begriffen sei, aber starke christliche Institutionen die Tradition bewahren könnten. All dies legte einen Brückenschlag zwischen Christentum und Zen-Buddhismus nahe.

Theoretisch fundiert war dies auf beiden Seiten durch einen wechselseitigen Inklusivismus, der die jeweils andere Religion in die eigene einordnete. In Japan hatte sich im Zuge der Modernisierung ab Beginn des 20. Jahrhunderts ein „neuer Buddhismus" herausgebildet, der zunächst den Mahayana-Buddhismus und dann Zen inklusivistisch als „Herz aller Religionen" interpretierte. Auf katholischer Seite gab es ab den 1920er-Jahren eine ähnlich inklusivistische Position. Der europäische Kolonialismus hatte christliche

Theologen in Berührung mit der islamischen Mystik gebracht. Um deren große Ähnlichkeit mit der christlichen Mystik zu erklären, entwickelten u. a. Maritain, Lacombe und Gardet das Konzept der „natürlichen Mystik", die sich in allen Religionen finden ließe und durch die „übernatürliche Mystik" im Christentum vollendet werde. Diese beiden wechselseitigen Inklusivismen erlaubten Yamada Roshi und Hugo Lassalle den Brückenschlag zwischen den beiden Religionen. Hoch anzurechnen ist beiden, dass sie das Konfliktpotenzial darin nicht bedienten.

Das Zeitfenster zwischen 1961, dem Beginn des Zweiten Vatikanums, und 1978, dem Jahr der Wahl von Papst Johannes Paul II. und der islamischen Revolution im Iran, war der Verständigung zwischen den Religionen förderlich. Davor oder danach hätte das Projekt von Hugo M. Enomiya-Lassalle SJ wohl keine oder nur wenig Chancen gehabt. Die 1960er-Jahre waren eine Zeit des gesellschaftlichen Umbruchs. Asiatische Religionen und Praktiken – bislang ein Minderheiten- und Avantgarde-Programm – gelangten in die Mitte der Gesellschaft, während immer mehr Menschen die alten Weltanschauungsinstitutionen verließen. 1960 erschien Lassalles Buch *Zen – Weg zur Erleuchtung* und fand international große Resonanz. 1967 wurde er zur Tagung „Arzt und Seelsorger" nach Schloss Elmau eingeladen, wo u. a. auch Graf Dürckheim referierte. Dies war der Beginn der „Meditationsszene" im deutschen Sprachraum.

Lassalles Wirken – seine Bücher, die zahllosen Vorträge und Sesshins, in denen er die Parallelen zwischen Zen und christlicher Mystik aufzeigte – trug wesentlich zur Wiederentdeckung der Mystik bei. So etwa erschien bei Herder in den 1980er-Jahren eine breite Palette von einschlägigen Texten, u. a. der Wüstenväter, der Zisterziensermystik und der spanischen Mystik. Das Interesse an „Meditation" an der kirchlichen Basis wuchs. Dass es heute in vielen Bildungshäusern und Klöstern Meditationsräume gibt, ist eine Frucht der Impulse von Hugo Lassalle. Eigens erwähnt werden muss der im christlichen Raum weit verbreitete „Meditationsschemel". Dieses Sitzmöbel kam durch Lassalle um das Jahr 1961 nach Europa. Entwickelt hatten es japanische Zen-Meister, um Laien den Fersensitz zu erleichtern. (1998, S. 287)

Ein weiteres indirektes Resultat von Lassalles Wirken ist das Entstehen von „Schulen" und „Lehrerausbildungen" für Kontemplation nach dem Vorbild der Zen-Schulung. Die „Würzburger Schule der Kontemplation" und die „via integralis" wurden beide von Zen-Lehrern gegründet, die durch Lassalle zu Yamada Koun gekommen waren. Beide Schulen benutzen bestimmte Aspekte der Zen-Übung, um christliche Mystik zu aktualisieren. Die Schweizer Zen-Gruppe nutzt Lassalles Namen als Markenzeichen und nennt sich „Lassalle-Glassman-Linie" bzw. „Lassalle-Kontemplationsschule".

Die Zen-Übung ist heute für viele Christen und Noch-Christen ein hilfreicher spiritueller Weg. Doch die Theologie hat sich bisher wenn überhaupt, dann zuallermeist kritisch für die Zen-Praxis interessiert, und die neuen Generationen der Zen-Lehrerinnen und -Lehrer interpretieren die Übung eher psychotherapeutisch. Ob das der Zen-Übung auf Dauer gut tut, ist fraglich.

Zu diesem Buch

Zen unter Christen erschien 1973, im Jahr der ersten Ölkrise nach dem Yom-Kippur-Krieg. Erstmals wurden die Grenzen des Wachstums sichtbar, aber auch die enge Verbindung von Politik und Öl. Viele, die sich 1968 politisch engagiert hatten, hatten die Hoffnung auf eine rasche Änderung der Verhältnisse aufgegeben und zogen sich ins Privatleben, in die Hippie-und Popkultur zurück. Andere wandten sich asiatischen Meditationswegen zu, um nach Befreiung zu suchen. Gleichzeitig begannen sich die Kirchen zu leeren, und die traditionellen Weltanschauungsblöcke fingen an, sich aufzulösen. Der gesellschaftliche Wandel nach dem Zweiten Weltkrieg veränderte nicht nur ökonomische Strukturen, sondern auch soziale und weltanschauliche Zusammenhänge.

Das Zweite Vatikanische Konzil (1962–1965) hatte den veränderten Verhältnissen Rechnung getragen. In der Erklärung *Dignitatis humanae* anerkannte die römisch-katholische Kirche das Recht auf Religionsfreiheit, und in *Nostra aetate* die Wahrheit in anderen Religionen. Damit war der Weg frei für den Dialog mit anderen Religionen, und Christen, die wie Lassalle oder der französischer Benediktiner Henri Le Saux (1910–1973) einen spirituellen Weg in der Tradition Asiens gehen wollten, konnten dies tun. Doch hatten kirchliche Stellen und Ordensobere vielerlei Vorbehalte gegen die Zen-Übung. Lassalle suchte in dem Büchlein eine engagierte Sachverhaltsdarstellung und Perspektiven für das Verständnis der Zen-Übung im christlichen Kontext zu bieten.

Dass die Spiritualität Asiens für die christliche Spiritualität eine Bereicherung und Erweiterung sein könnte, betonte Lassalle genauso wie Le Saux, der seit 1945 in Indien lebte und unter dem Namen „Abhishiktananda" ein Sanyassin, ein hinduistischer Mönch, geworden war. Lassalle hatte ihn auf einer Indienreise 1971 kennengelernt. Bei dieser Reise hatte er in Südindien den Ashram von Sri Aurobindo (1872–1950) in Pondicherry besucht, ebenso das nahegelegene Auroville, die 1968 auf Basis von Aurobindos Vision gegründete „Stadt der Zukunft", und in Tiruvanamalai den Ashram des großen indischen Heiligen Sri Ramana Maharshi (1879–1950). So wie in den japanischen Zen-Klöstern oder auch in den orthodoxen Klöstern am Berg Athos, die er besucht hatte, fand er auch in Indien das, was in Europa fehlt: Orte der Kontemplation.

Hugo M. Enomiya-Lassalle sah die Übernahme von *Methoden*, das heißt von *Wegen* asiatischer Spiritualität ins Christentum in einem größeren Kontext. Er begrüßte und unterstützte die Veränderungen durch das Zweite Vatikanum. Zugleich aber konstatierte er eine tiefe spirituelle Krise, eine „spirituelle Not", in Europa und im westlichen Christentum. Viele konnten mit den traditionellen Gottesbildern des Katechismus nichts mehr anfangen. Die Vorherrschaft des Rationalen, die den technischen Fortschritt möglich gemacht hatte, forderte ihren Preis – die Menschen hatten keinen Zugang mehr zu ihren „geistigen Gefühlen“, sondern unterwarfen sich und die Welt der Kontrolle der Ratio. Die „geistige Erde“ fehlte, meinte Cyril von Korvin-Krassinsky (1905–1992), ein deutsch-polnischer Benediktiner, der die Zeit der NS-Diktatur in Tibet verbracht und über tibetische Medizin und Spiritualität geschrieben hatte.

Auch die Dimension der Spiritualität war von der Vorherrschaft der Ratio betroffen. Gebet und Meditation sollten intentional sein, wurde gelehrt, sollte also „durch die bewusste Tätigkeit von Verstand und Willen“ (S. 22) geübt werden. Auf diese Weise sollten Zweifel an den Glaubensinhalten überwunden werden. Dass dies nicht gelang, dafür sprach der stete Strom derer, die die Kirche verließen. Im Zazen, der Zen-Übung, sowie in vielen buddhistischen Übungen ging es dagegen nicht um die Aktivierung von Verstand und Willen, sondern darum, sich die Wahrheit „einzuverleiben“, zu verstehen und zu verwirklichen. Im Zen geht es darum, im „Undenkbaren zu verweilen“ (hishiryo), was nicht dasselbe ist wie „nichts denken“ (fushiryo), wie der Zen-Meister Dogen (1200–1253) sagte. Dies konnte für Christen zu einem neuen Verständnis des Evangeliums führen.

Die christliche Parallele zum Zazen ist die Kontemplation, hielt Lassalle fest. Durch Jahrhunderte war Spiritualität im europäischen Christentum durch drei Schritte charakterisiert. Man begann mit dem Lesen der Bibel (*lectio*), ging über zum nachdenkenden Betrachten (*meditatio*) und kam dann zur *contemplatio*, dem „Gebet der Ruhe“. In einem eindrucksvollen Bild hatte das Ende des 17. Jahrhunderts die Französin Mme. Guyon ausgedrückt: Man solle beim Gebet so sein wie ein Säugling an der Brust der Mutter, ruhig und hingebungsvoll. Dies entsprach jedoch nicht dem Zeitgeist des beginnenden Kapitalismus und auch nicht der kirchlichen Fixierung auf den Katechismus. Dazu kamen politische Intrigen am französischen Königshof. Es kam zum „Quietismus-Streit“, zur Verurteilung von Mme. Guyon und einem Verbot aus Rom. Mystik und Kontemplation gingen im 19. und beginnenden 20. Jahrhundert vielfach in den „Untergrund“. Es ist wesentlich das Verdienst von Hugo Lassalle, dass die Schriften christlicher Mystiker wieder gedruckt und zugänglich wurden und das Interesse an Mystik und Kontemplation zunahm.

Lassalle suchte immer wieder nach Anknüpfungspunkten, um die Bedeutung der Zen-Übung zu verdeutlichen. Der Arzt Carl Albrecht (1902–1965) hatte eine Phänomenologie mystischer Erfahrung entwickelt, die Lassalle nutzte, um die anthropologische Dimension der Zen-Übung zu erklären. Der Kulturtheoretiker Jean Gebser (1905–1973) bot mit der These vom Entstehen eines „neuen Bewusstseins“ einen weiteren Kontext für die Rezeption des Zen und anderer asiatischer Meditationsformen an. In detaillierten kulturhistorischen Studien hatte Gebser den Übergang vom magischen und mythischen zum rationalen Bewusstsein nachgezeichnet. Dieses rationale Bewusstsein und Denken zeichnete sich nach Gebser durch eine strikt dualistische Weltsicht aus. Doch sah er bereits Anzeichen der Überwindung des Dualismus in der modernen Kunst und Naturwissenschaft. Das „neue Bewusstsein" werde über das Rationale hinausgehen, sein Denken werde arational und nicht-dualistisch sein. Was früher den Mystikerinnen und Mystikern aller Religionen vorbehalten war, werde nun eine allgemeine Erfahrungsdimension. Lassalle nahm diese Hypothese gerne auf, die gut zu der Verbindung von Evolutionstheorie und Spiritualität bei seinem Ordensbruder Pierre Teilhard de Chardin (1881–1955) passte. Eine weitere Entsprechung fand Enomiya-Lassalle bei Sri Aurobindo, der ebenfalls die Vision einer Vergeistigung der Materie lehrte. Mit Karlfried Graf Dürckheim (1896–1988) teilte Lassalle die Ansicht, dass die Religions- und Werte-Krise der Gegenwart nur überwunden werden kann, wenn das „Welt-Ich" relativiert und losgelassen wird und Gott im un- oder übergegenständlichen „Grund", im „Seelengrund", wie Meister Eckhart (1260–1328) sagte, erfahren wird.

Hugo M. Enomiya-Lassalle wollte keine neuen Theorien propagieren, und er verstand sich auch nicht als „Guru". In einem Interview sagte er: „Alles, was ich wollte, war, den Menschen zu helfen, weiter nichts."

Literatur

Ursula Baatz, H. M. Enomiya-Lassalle, Ein Leben zwischen den Welten, Zürich 1998.

Dies., Erleuchtung trifft Auferstehung. Zen-Buddhismus und Christentum. Eine Orientierung, Berlin 2009.

Prolog

Schauen ist ein Wissen weiselos,
Das über der Vernunft bleibt allezeit.
Es kann sich zur Vernunft nicht neigen,
Und die Vernunft nicht zu ihm aufwärts steigen.
Verklärte Unweise ist ein Spiegel fein,
Darin Gott einstrahlt seinen ewigen Schein.
Unweise, die ist ohne Arten,
Darin alle Werke der Vernunft versagen.
Unweise ist Gott selber nit;
Doch ist sie das Licht, womit man sieht.
Die Unweisen wandeln im göttlichen Lichte,
Die sehen in sich eine große Wüste.
Unweise ist zwar über der Vernunft, doch ihrer nicht bar.
Verwundern ist hienieden,
Ohne Verwundern ist das schauende Leben.
Unweise sieht, aber sie weiß nicht was;
Es ist über allem, nicht dies, nicht das.
Jetzt muss ich das Reimen lassen bleiben,
Soll ich das Schauen klar beschreiben.

Jan van Ruysbroek, Aus dem Buch von den zwölf Beginen
(Übersetzung von Willibrord Verkade OSB)

künftig noch besser zu berücksichtigen. Dazu beantworten Sie uns bitte folgende Fragen. Als kleines Dankeschön verlosen wir unter allen Einsendern viermal im Jahr ein Buchpaket mit 10 frei auswählbaren Büchern.

Diese Karte habe ich dem Buch entnommen:

____

Ich bin auf dieses Buch aufmerksam geworden durch:

❍ Prospekt ________________

❍ Anzeige in ________________

❍ Buchbesprechung in ____________

❍ Empfehlung von Freunden/Bekannten/Kollegen

❍ Homepage des Verlags ____________

❍ Internet allgemein ____________

❍ Buchhandlung ____________

❍ Ich habe das Buch geschenkt bekommen

Wie hat Ihnen das Buch gefallen?

❍ sehr gut ❍ gut ❍ mittelmäßig ❍ gar nicht

❍ Topos Premium

❍ Geschenk

❍ Lebenswissen – Lebenssinn

❍ Spiritualität

❍ Sachbuch

❍ Biografien

❍ ________________________

Zu diesem Thema sollte Topos Taschenbücher ein Buch in sein Programm aufnehmen:

____

Weitere Anmerkungen:

Ein kurzer Rückblick

Im Folgenden sollen die Ergebnisse, die aus der Verwendung östlicher Meditationsmethoden im christlichen Raum gewonnen werden konnten, besprochen und einige weiterschauende Perspektiven zur Erwägung vorgelegt werden.[1] Es vollzieht sich nämlich in dieser Frage eine beständige Entwicklung, die sowohl eine äußere wie eine innere Seite hat. Die östlichen Methoden sind in sich uralt. Ihre Anfänge liegen noch weit vor dem Auftreten des Christentums. Zum Teil sind selbst ihre Formen unverändert geblieben. Ein auf diesem Gebiet bewanderter Inder antwortete auf die Frage, was er von einer im Westen weit verbreiteten indischen Meditationsweise halte, prompt: „Das ist nichts Neues. Es ist alles schon in den Veden niedergeschrieben." Auch die Zen-Meditation ist im Wesentlichen so geblieben, wie sie schon vor tausend Jahren in ihrem Goldenen Zeitalter in China geübt wurde. Die 1700 Koan (denkerisch nicht zu bewältigende Rätselworte) stammen fast alle aus dieser Zeit. Uns geht es jetzt aber gar nicht so sehr um die östliche Meditation an sich, sondern um ihre Relevanz im christlichen Raum. Und hier hat sich in einer relativ kurzen Zeitspanne sehr viel getan; manches hat sich dabei klarer herauskristallisiert. Das gilt sowohl von der Stellungnahme der Christen im Allgemeinen und der Kirchen im Besonderen als auch im Sinne der *Erfahrungen*, die auf christlicher Seite mit den östlichen Methoden gemacht wurden. Mit „Christen" sind in diesem Zusammenhang nicht nur Vertreter aller christlichen Konfessionen, die nicht-kirchlichen eingeschlossen, gemeint, sondern auch alle anderen aus dem christlichen Kulturkreis stammenden Menschen, selbst wenn sie das Christentum nicht mehr anspricht und sie keine Beziehungen mehr zu irgendeiner Kirche haben. Auch das sind ja oft ganz „christliche“ Menschen. Wir im Westen gehören alle dazu. Das stellt sich sofort heraus, wenn wir zum ersten Mal versuchen, eine Zen-Meditation zu machen. Die Schwierigkeiten mit dem im Zen vorgeschriebenen Sitz zum Beispiel sind mit wenigen Ausnahmen allen Menschen im Westen gemeinsam.

Zu derselben Zeit, da die genannten Erfahrungen gemacht wurden, konnten durch beständigen Kontakt mit Zen-Meistern (besonders in Japan) und durch Gespräche mit anderen Experten östlicher Methoden (in Indien, Birma, Thailand und Korea) neue Einsichten ermöglicht und frühere vertieft werden. Am wichtigsten sind jedoch die Erfahrungen mit diesen Methoden im christlichen Raum. Denn trotz der Wichtigkeit theoretischer Erwägungen lässt sich auf diese allein hin die Frage der Relevanz östlicher Meditationsmethoden für Christen nicht entscheiden. Die Erfahrungen sind sogar viel wichtiger, da es um die praktische Anwendung der Methoden geht.

Tatsächlich hat sich im letzten Jahrzehnt manches gewandelt. Das gilt zunächst besonders von der Stellung der katholischen Kirche zu dieser Frage. Während dieses Zeitraumes tagte bekanntlich das Zweite Vatikanische Konzil. Noch vor zehn Jahren hat die offizielle Kirche eine ablehnende Haltung gegenüber der Verwendung von Meditationsmethoden nicht-christlicher Religionen eingenommen. Diese Haltung erklärte sich unter anderem daraus, dass eine aktive Beteiligung an Gottesdiensten anderer Religionen nicht gestattet war. Auf die Schwierigkeiten, die aus diesem Verbot zum Beispiel den japanischen Katholiken bezüglich der offiziellen Besuche der nationalen Shinto-Heiligtümer erwuchsen, und auf ähnliche Fälle können wir nicht näher eingehen. Das Konzil hat als offizielle Vertretung der Kirche in diesem ganzen Fragenkomplex eine fundamentale Änderung herbeigeführt. Was die Verwendung von meditativen und kontemplativen Methoden anderer Religionen betrifft, so werden im *Dekret über die missionarische Tätigkeit der Kirche* die kontemplativen Orden sogar angewiesen, diese Methoden womöglich zu integrieren. Es ist bezeichnend, dass das Buch *Zen – Weg zur Erleuchtung*, das bald nach seinem Erscheinen wegen häretischer Tendenzen beanstandet worden war, noch während des Konzils von diesem Verdacht freigesprochen wurde, sodass Übersetzungen in andere Sprachen in Angriff genommen werden konnten. Die Zen-Kurse, die heute in vielen Ländern auch von christlicher Seite veranstaltet werden, wurden erst nach dem Konzil möglich. Gewiss haben schon viel früher Missionare Tage und Wochen in Zen-Klöstern zugebracht, um das Zen in seiner Theorie und Praxis kennenzulernen. Auch hat es schon vorher Zen-Meister gegeben, die in christliche Länder kamen, um dort Kurse zu geben, was allerdings in Amerika mehr als in Europa der Fall war. Aber man hat doch nie gehört, dass katholische Priester oder offizielle Vertreter anderer christlicher Bekenntnisse Zen-Kurse gehalten hätten. So etwas war eben damals noch nicht möglich. In Japan selbst haben wir damit in engem Rahmen schon kurz vor Beginn des Konzils angefangen. Im deutschsprachigen Raum wurde der Anfang im Jahre 1968 gemacht, nachdem ein Jahr zuvor auf der unvergesslichen Arzt-und-Seelsorger-Tagung in Schloss Elmau (Oberbayern) das Verlangen nach solchen Kursen von vielen Teilnehmern geäußert worden war. Als einmal der Anfang gemacht war, wurden die Kurse in den folgenden Jahren mit beständig wachsender Beteiligung fortgesetzt. Gegenwärtig ist die Nachfrage schon so groß, dass ihr aus Mangel an ausgebildeten Kräften nicht mehr vollkommen entsprochen werden kann. Oft reichen selbst die Räumlichkeiten nicht aus, um alle Bewerber aufzunehmen. Ganze Schulklassen bitten um geschlossene Kurse zu den Wochenenden.

Dazu kommen andere östliche Methoden, die ebenfalls und sogar in noch größerer Zahl beansprucht werden, wie zum Beispiel die transzendentale Meditation. Die Verbreitung der östlichen Methoden im Westen gleicht schon fast einer Lawine. Trotzdem ist bisher die Zahl derer, die nur aus Neugierde oder Modesucht kommen, verschwindend gering. Den meisten geht es doch um ein sehr ernstes Anliegen, das für sie selbst zentral und entscheidend ist.

Die Ergebnisse, die diese Meditationsformen im westlichen und speziell im christlichen Raum gezeitigt haben, sind nicht nur befriedigend, sondern übertreffen alle Erwartungen. Wenigstens können wir das bezüglich der Zen-Übungen bezeugen. Wie schon in meinem Buch *Zen – Weg zur Erleuchtung* berichtet, bin ich erst durch die eigenen guten Erfahrungen mit diesen Übungen auf den Gedanken gekommen, auch anderen zu solchen Übungen Gelegenheit zu geben. Über die *Wirkungen* der Zen-Übungen im Allgemeinen wurde schon an anderer Stelle genügend berichtet. Hier interessieren uns mehr jene Wirkungen, die mit Rücksicht auf das Christliche festgestellt wurden. Das sind besonders zwei: eine *Befestigung im Glauben* und die *Öffnung eines Zugangs zu tieferem Gebet.* Zum Ersteren ist auch die Tatsache zu rechnen, dass Christen, die nicht mehr an Gott glauben konnten, durch die Übung des Zen zum Glauben zurückfanden. Man spricht heute von verschiedenen Formen des Atheismus. Bei vielen Menschen ist es doch so, dass ihnen irgendetwas den Zugang zu Gott verstellt. Das kann zum Beispiel die Tatsache der Leiden in der Menschheit, wie Hunger und Krieg, sein. Aber es gibt auch andere Hindernisse, wie zum Beispiel allzu anthropomorphe Vorstellungen von Gott, wie sie viele Menschen aus der Jugend mitgenommen haben. Diese lösen sich auf dem Wege der Zen-Meditation gerade dadurch, dass das diskursive Denken zeitweilig eingestellt wird. Selbst denen, welche fest im Glauben stehen, stellen sich bei der heutigen Weltlage große Hindernisse für den Glauben in den Weg. Das Leben ist rastlos und geht fast ganz im Technischen und Materiellen auf. Für viele gibt es vielleicht gar kein anderes Mittel zur Bewahrung des Glaubens als die Meditation.

Die Wirkung auf das Gebet ist besonders auffällig bei solchen Menschen, die sich um ein tieferes Gebet bemühen. Diese Erfahrung wurde sowohl in Japan als auch in anderen Ländern gemacht. Es sind naturgemäß zum größten Teil Priester und Ordensleute, die diese Erfahrung machen. Die Letzteren sind von ihrer Ordensregel verpflichtet, täglich eine Betrachtung zu halten. Diese Vorschrift wurde zwar in vielen Ordensgemeinschaften gelockert, aber bei allen, die ihren Beruf ernst nehmen, bleibt doch das Verlangen bestehen, die für die Betrachtung vorgesehene Zeit aufs Beste zu nützen. Viele von ihnen haben schon immer die Erfahrung gemacht, dass die anfänglich sehr fruchtbare Betrachtung mit aktiver Betätigung von Verstand und Willen und unter Zuhilfenahme der Fantasie auf die Dauer nicht befriedigt. Damit ist eine Betrachtungsweise gemeint, bei der über eine Schriftstelle, eine religiöse Wahrheit oder sonst einen religiösen Gegenstand nachgedacht und reflektiert wird, wobei es auf diesem Weg zu einem Dialog mit Gott kommen soll. Immerhin hat diese Art in der Vergangenheit den beabsichtigten Erfolg wohl bei den meisten Menschen, die sich aufrichtig bemühten, auch gehabt. Sie wurden dadurch in ihrem religiösen und sittlichen Leben gefördert. In den letzten Jahren ist dies, soweit wir feststellen konnten, nicht mehr im selben Maß der Fall. Es gibt nun aber gegenwärtig sehr viele Menschen, gerade unter den Ordensleuten, die an dem Punkt angelangt sind, wo sie anscheinend nicht mehr „weiterkommen". Manche kommen aus diesem Grunde zum Zen. Sie erhoffen sich und finden meistens auch einen Zugang zu den tieferen Seelenschichten und damit zu einem tieferen Gebet. Das Zen und andere östliche Methoden lassen eben nicht über einen Gegenstand nachdenken, sondern im Gegenteil: Man soll sich bemühen, von Gedanken frei zu werden. Sie sind – so kann man sagen – Versenkungswege. Damit sie wirksam werden, beanspruchen sie bei den meisten Menschen eine gewisse Dauer der Übung. Sie nehmen dafür in geschickter Weise eine bestimmte Sitz- und Atmungsweise und andere Techniken zu Hilfe. Was die Zen-Meditation betrifft, die das auch tut, so hat sie sich immer wieder bewährt. Natürlich hängt es von der Disposition des Einzelnen ab, ob er längere oder kürzere Zeit braucht, um die gewünschte Wirkung zu erzielen. Das gilt sowohl für Asiaten als auch für westliche Menschen. Im Ganzen tun sich jedoch die Asiaten begreiflicherweise leichter.

Mehr als im Osten interessiert im Westen auch die Frage, welche Erfahrungen man in medizinischer Hinsicht bisher mit der Anwendung dieser Methoden gemacht hat. Aber das näher festzustellen ist es noch zu früh. Denn diese Methoden sind ursprünglich nicht für kranke, sondern für gesunde Menschen gedacht und dienen dazu noch einem religiösen Zweck. Das gilt besonders für das Zazen, das an einen Anfänger je nach Ort und Zeit hohe körperliche Anforderungen stellt. Es sollte daher nicht für Kranke verwendet werden, ohne das Urteil des Arztes gehört zu haben.

Wohl aber wäre zu fragen, wie sich diese Übungen bei Menschen ausgewirkt haben, die sie nicht mit dem ausdrücklichen Bemühen um den Zugang zu einem tieferen Gebet vollzogen haben. Es kommen ja viele Menschen zu den Übungen, die weder einem bestimmten religiösen Bekenntnis noch einer religiösen Organisation angehören. Jedoch müssen wir uns hier darauf beschränken, auf dic einschlägige Literatur hinzuweisen. Allgemein kann man aufgrund der Erfahrungen sagen, dass Zen-Übungen, konsequent und beharrlich durchgeführt, für den Menschen bereichernd sind. Sie wirken sich auf sein ganz natürliches Menschsein im ethischen und religiösen Leben vorteilhaft aus. Das gilt zunächst für Japan, wo das Zen zu Hause ist. Aber dieselben Wirkungen konnten auch in den westlichen Ländern beobachtet werden.

Obwohl eine ausführliche oder auch nur innerhalb eines engen Rahmens endgültige Darstellung der Zen-Übungen bezüglich ihrer Wirkungen auf Kranke, besonders psychisch kranke Menschen, noch nicht möglich ist, möchten wir doch kurz auf einige Gespräche hinweisen, die in dieser Sache mit Wissenschaftlern geführt werden konnten. Im Westen ist die Hektik des Lebens durch seine Technisierung schon zu einer Belastung geworden, die für die meisten nicht mehr erträglich ist. Natürlich gibt es auch andere Mittel als die Meditation, um dieser Gefahr zu begegnen. Aber in den Gesprächen mit Ärzten stießen wir immer wieder auf die kategorische Forderung, dass die östlichen Meditationsweisen für die Therapie herangezogen werden sollten. Man fühlt sich anscheinend vor ein unlösbares Rätsel gestellt: Einerseits wird das Leben für die Nerven des modernen Menschen immer belastender, andererseits lässt sich die Entwicklung in dieser Richtung nicht aufhalten. Wenn nicht Hilfe gefunden wird, geht der westliche Mensch auch ohne einen Atomkrieg zugrunde. In Ostasien ist die Situation noch nicht bis zu diesem SOS-Punkt verschärft, denn die Technisierung des Lebens ist in den meisten Ländern noch nicht in diesem hohen Maße durchgeführt. Japan bildet da wohl eine Ausnahme. Außerdem hat der Asiate, auch der Japaner, noch eine Reserve an Kräften, welche die drohende Gefahr noch aufhält. Daher empfindet der Japaner noch nicht im selben Maße wie der westliche Mensch die Notwendigkeit der Zen-Übungen und anderer Methoden, die ihn über die Not Herr werden lassen. Wohl ist in Japan aus anderen Gründen ein neues Interesse für diese Übungen wachgerufen worden.

In unserem Zen-Zentrum, das vor nunmehr vier Jahren in der Nähe von Tokio seine Tätigkeit begonnen hat, sind es meistens gesunde und junge Menschen, die zu den Übungen kommen. Demgegenüber kommt im Westen wohl ein hoher Prozentsatz aus gesundheitlichen Gründen, wobei sich dann später oft herausstellt, dass die Meditation sie dem Religiösen nähergebracht hat. Diese Dinge hängen so eng miteinander zusammen, dass man sie praktisch gar nicht streng voneinander trennen kann. Ohne Zweifel ist jedenfalls, dass der westliche Mensch die östlichen Meditationsweisen bzw. -techniken für die psychische Gesundheit braucht, solange man nicht einen ebenso wirksamen Ersatz gefunden hat. Das autogene Training von Professor Schultz, der bekanntlich auch die östlichen Methoden für diese Erfindung herangezogen hat, hilft ja schon vielen Menschen. – Dass das Zen für die Gesundheit im Allgemeinen gut ist, weiß man in Japan schon längst. Ebenso, dass die Zen-Mönche oft bis ins hohe Alter noch körperlich und geistig frisch sind. Vielleicht ist diese Tatsache zum guten Teil auf die durch diese Methode sehr geförderte Durchblutung des Körpers zurückzuführen. In Japan selbst ist übrigens das Interesse der Wissenschaft für das Zen in den letzten Jahren erheblich gewachsen.

Die gegenwärtige Diskussion

Trotz der beständig anwachsenden Nachfrage und der bereits gemachten guten Erfahrungen mit der östlichen Meditation und trotz eines besseren Verständnisses vonseiten der christlichen Theologie und Spiritualität stehen wir immer noch in einer Diskussion bezüglich der *Opportunität* der Verwendung östlicher Meditationsmethoden im christlichen Raum. Merkwürdig ist, dass solche, die einen ablehnenden Standpunkt vertreten, oft keineswegs den Bestrebungen einer „neuen Theologie" ablehnend gegenüberstehen. Es gibt Leute, die in der Theologie bis hart an die Grenzen, die man heute noch zu wahren sucht, gehen. Führt man ihnen aber zur Befürwortung der östlichen Meditationsmethoden die tatsächlich bestehenden Übereinstimmungen mit der Lehre der christlichen Mystiker an, so lehnen sie auch deren Auffassungen in den betreffenden Punkten als christlich nicht zuverlässig ab. Manche von ihnen erachten es – so hat es den Anschein – für die christliche Meditation als wesentlich, dass dabei Verstand und Wille bewusst betätigt werden, was natürlich bei den tieferen christlichen Gebets- oder Meditationsweisen wie dem Gebet der Sammlung oder der Ruhe oder gar bei jener Art, die Johannes vom Kreuz als die „dunkle Beschauung" bezeichnet, nicht der Fall ist. Sie stellen also gleichzeitig mit den östlichen Methoden zum Beispiel der Zen-Meditation auch die bisherige Tradition der christlichen Mystik infrage. Damit wollen sie gewiss nicht die christliche Mystik selbst ablehnen. Sie setzen anscheinend einen anderen Begriff der Mystik voraus als jenen, der in seiner Terminologie auf Pseudo-Dionysios vom Areopag bzw. die Neuplatoniker zurückgeht und im Mittelalter üblich war.

Nun ist es ja wahr, dass der *Begriff der Mystik* umstritten ist. Das gilt zunächst und auch verständlicherweise von einem Begriff, der nicht nur die christliche Mystik, sondern auch die der nichtchristlichen Religionen umfasst und womöglich noch die Wünsche der Psychologen berücksichtigt. Es ist gewiss nicht leicht, einen Begriff der Mystik zu umreißen, der all das mit einschließt. Aber wie aus obigen Bemerkungen hervorgeht, ist der Begriff der Mystik selbst innerhalb des christlichen Bereichs nicht eindeutig. Dazu kommt die Tatsache, dass dieser Begriff wenigstens heute nicht allein vom Religiösen her festgelegt werden kann, sondern auch die Psychologie als Wissenschaft etwas mitzureden haben sollte. Carl Albrecht hat versucht, einen Begriff der Mystik zu bestimmen, der nicht nur die christliche Mystik und jene der nicht-christlichen Religionen einschließt, sondern gleichzeitig auch für die Wissenschaft annehmbar ist.[2] Eine kurze Darstellung wurde von mir auch in dem Büchlein *Meditation als Weg zur Gotteserfahrung* versucht.

Es ist natürlich nicht möglich, hier auf alle Einzelheiten der Diskussion einzugehen. Wir beschränken uns auf jene Fragen, die, obschon an anderer Stelle besprochen, nach dem jetzigen Stand der Dinge einer Ergänzung bedürfen. Wenn wir vorhin die Ansicht mancher Autoren erwähnten, dass die christliche Meditation notwendigerweise durch die bewusste Betätigung von Verstand und Wille geübt werden müsse, so soll das heißen, dass christliche Meditation immer die Aufgabe hat, das Offenbarungsgut verständlich zu machen und entsprechend im christlichen Leben zu verwirklichen, also zu leben. Sie muss sich daher mit diesem Offenbarungsgut befassen. Sie muss darüber nachdenken. – Was ist dazu zu sagen? Ist das allein christliche Meditation? Tatsache ist, dass der Christ in diesem Bemühen heute auf Schwierigkeiten stößt, die in der Vergangenheit nicht oder in geringerem Maße bestanden als gegenwärtig. Die Art der Schrifterklärung hat sich gewandelt. Die Texte sind nicht so, wie sie heute dastehen, geoffenbart worden, sondern sie sind das Ergebnis einer historischen Entwicklung. Die Evangelien wollen nicht wörtlich verstanden sein, wie wenn man die Worte Jesu mit Tonband aufgenommen hätte. Sie sind schon Interpretation. Sie sind Verkündigung einer Lehre, wie sie die Urkirche aus seinen Worten heraus verstanden hat. Ähnliches gilt für die Berichte über die Ereignisse. Sie sind gefärbt. Das wird heute allgemein anerkannt.

Für den gläubigen Christen in der Vergangenheit lag die Sache anders. Für ihn war alles so, wie es dastand, geoffenbarte Wahrheit, an der nicht gerüttelt werden durfte. Hinzu kommt, dass heute die Glaubenswahrheiten neu interpretiert werden können, ohne dass die Kirche öffentlich und entscheidend dazu Stellung nimmt, wenigstens vorläufig nicht. All das hat für viele eifrige und glaubenstreue Christen eine allgemeine „Verunsicherung" zur Folge gehabt. Für viele ist es sehr schwer geworden, sich zurechtzufinden. Und meist kann ein theoretisches Studium allein die ersehnte Sicherheit nicht herbeiführen. Daher müssen die Glaubenswahrheiten und die Heilige Schrift meditiert werden. Man muss sie sich meditierend zu eigen machen. So weit ist alles gut und recht. Aber die Frage ist nun: Ist die intentionale Meditation, die durch die bewusste Tätigkeit von Verstand und Willen geübt wird, der einzige Weg, die Zweifel und Unsicherheiten zu überwinden und sich die Glaubenswahrheiten zu eigen zu machen? Ja, kann dieser Weg den heutigen Menschen überhaupt zu der ersehnten Sicherheit führen? Und weiterhin: Können alle Menschen in dieser Weise meditieren? Haben sie die Voraussetzungen dafür an Wissen und Geistesbildung?

Ein bedeutender Zen-Meister sagte einmal, das Zazen (Zen-Meditation) sei dazu da, sich die buddhistische Lehre einzuverleiben, sie sich wirklich zu eigen zu machen. Mit anderen Worten: Die Lehre nur mit dem Verstand zu erfassen genügt nicht und gibt auch keine Sicherheit. Trotzdem wird beim Zazen weder über die buddhistische Lehre noch über irgendetwas anderes nachgedacht. Es wurde schon angemerkt, dass selbst Christen mithilfe der Zen-Meditation im Glauben gefestigt werden und viele Schwierigkeiten, die sie verstandesmäßig nicht lösen können, überwinden. Es ergibt sich hier ein sehr merkwürdiger Sachverhalt: Was durch die intentionale Meditation, bei der gedacht wird, erreicht werden soll, aber bei vielen Christen nicht erreicht wird, wird erreicht durch die Meditation einer nicht-christlichen Religion, wobei nicht gedacht wird. Wie ist das zu erklären? Ein Grund dafür ist die Tatsache, dass im Westen die Ratio im religiösen Bereich zu einseitig herangezogen wurde. Mit anderen Worten: Soweit die natürlichen Kräfte in Frage kamen, wurden Verstand und Wille allein eingesetzt, um alle Probleme zu lösen. Das Übergewicht der Vernunft hat gewiss den Fortschritt in der Naturwissenschaft und Technik sehr gefördert und hat auch für das Christentum im Laufe der zweitausend Jahre seiner Entwicklung sein Gutes gehabt. Vielleicht war es sogar gut, dass dieser Prozess sich schließlich bis zum Übermaß gesteigert hat.

Aber es gibt noch eine andere Erklärung, die viel wichtiger ist. Wir können sie nur kurz anführen. Es gibt nämlich außer Verstand und Wille noch eine dritte geistige „Fähigkeit". Das ist der „Grund" selbst, der Seelengrund, aus dem alle geistigen Fähigkeiten hervorgegangen sind. Diese Wirklichkeit ist in den Hochreligionen Asiens immer anerkannt worden. Im Westen ist durch die Überbetonung der Ratio dieses dritte Organ der Geistseele verkümmert oder unfruchtbar geworden. Nun wird aber in den östlichen Meditationsmethoden dieser „Grund" angesprochen. Die religiösen Wahrheiten können überhaupt nicht heilsmäßig erfasst werden außer in diesem „Grund". Wenn nun der Christ diese Methoden praktiziert, so wird dieser „Grund" wieder fruchtbar, gewissermaßen regeneriert. Vielleicht könnte jemand daraus schließen: Also wird der Christ dann buddhistisch umgewandelt, oder es besteht wenigstens die Gefahr dazu. Aber das ist nicht so. Denn der Christ hat in seinem Unbewussten das ganze christliche Erbe, auch wenn er nicht bewusst darüber nachdenkt. Man könnte dieses Organ auch ein drittes Auge nennen, wie es

Hugo von St. Viktor tat, der es das Auge der Beschauung nannte. In Wirklichkeit ist es so: Wenn ein Christ, der das ganze Christentum in sich trägt, viel Zazen übt, macht er nach einiger Zeit die Erfahrung, dass ihm christliche Wahrheiten und Schriftworte unerwartet buchstäblich aufleuchten. Er erfasst sie in seinem „Grund", was viel wertvoller ist als das Erfassen mit dem Verstand.

Offenbar ist das geist-seelische Gefühlsleben des modernen Menschen weitgehend verkümmert. Das macht ihm den religiösen Glauben schwer, wenn nicht unmöglich. Glaube ist ja nicht nur abstraktes Wissen, sondern ein Erfassen mit der ganzen Persönlichkeit.[3] Um aber diese Wirkung zu erzielen, müssen Verstand und Wille eine Zeitlang ihre Tätigkeit einstellen. So lehren die Zen-Meister und Gurus ebenso wie die Mystiker. Wenn der Seelengrund leichter zugänglich wäre, brauchten wir heute nicht nach Methoden anderer Religionen Ausschau zu halten. Diese aber benutzen in besonderer Weise Körperhaltung und Atmung, die wir im Westen als Hilfe für die Meditation kaum entwickelt haben.

Unter dem Einfluss der Ignatianischen Exerzitien hat sich die gegenständliche Meditation oder Betrachtung, die vorwiegend mit Verstand und Willen vollzogen wird, stark verbreitet. Alle oder fast alle neueren Ordensgemeinschaften haben sie adoptiert und geübt. Zumindest wurde sie von den Ordensmitgliedern, solange sie noch in der Ausbildung waren, verlangt. Oft geschah es und geschieht es wohl auch noch so, dass man die Betrachtung morgens gemeinsam in der Kapelle macht. Zu Anfang wird ein Schrifttext gelesen, über den man nachdenken und entsprechende Anwendungen auf das eigene Leben machen soll, worauf zum Abschluss ein Zwiegespräch mit Gott folgt. Die kontemplativen Orden, die es schon gab, längst bevor die „Geistlichen Übungen" geschrieben wurden, haben andere Traditionen. Man bemüht sich zum Beispiel, nur an die Gegenwart Gottes im eigenen Herzen zu denken. Es wird also nicht in der Weise wie vorhin gedacht. Diese Art steht offenbar der Beschauung näher als die erste und ist trotzdem eminent christlich. Freilich sind auch dort noch Verstand und Wille tätig, aber in viel einfacherer Weise. Deswegen ist auch von dort her der Zugang zu jenem Urgrund leichter, in dem keine Akte „gesetzt", sondern wie in einem Mutterschoß „empfangen" und „geboren" werden. Allerdings ist dieser „Mutterschoß" nicht einfach gleichzusetzen mit dem Unbewussten. Man muss nämlich unterscheiden zwischen dem höheren geistigen „Unbewussten" und dem niederen psychischen Unterbewussten. Es gibt ja sowohl höhere geistige Gefühle und pneumatische Ahnungen wie auch niedere leiblich-psychisch bedingte Gemütsbewegungen und Träume. Hier ist von den Ersteren die Rede.[4] Die Meditation, die im „Grunde" oder „Mutterschoß" vollzogen wird und mehr oder weniger passiv ist, hat in viel höherem Maße die Kraft, jene Schwierigkeiten im religiösen Leben, zu allererst im Glauben selbst, zu überwinden, die der Mensch heute viel stärker empfindet, als er es zu einer Zeit tat, da noch ein kollektiv-religiöses Empfinden bestand. In diesem Sinne führt sie sicherer zum Ziel als die sogenannte intentionale Meditation. Die verzweifelte Situation ist doch die, dass der Mensch mit Nachdenken allein über die Glaubensschwierigkeiten nicht hinwegkommt und oft gerade durch das Nachdenken noch mehr in die Ausweglosigkeit getrieben wird. Gerade in diesem Moment sollte er das Denken während seiner Meditation grundsätzlich einstellen und einen Weg in die Tiefen seiner Seele suchen. Eben da setzt die östliche Meditation an. Der Osten hat diesen Weg immer gekannt und ist ihn gegangen. Buddha soll am Ende seines Lebens seinen Schülern als geistiges Testament die Mahnung hinterlassen haben, einzig und allein nach der Erleuchtung zu streben. Der Weg zur Erleuchtung ist nun gerade diese Tiefenmeditation. Er hat es vermieden, metaphysische Fragen zu entscheiden. Wie die anderen Weisen des Ostens wusste er, dass alle Fragen gelöst sind, wenn man über sie hinauswächst. Es versteht sich von selbst, dass der Christ die Hilfe der östlichen Meditation nicht zu benutzen braucht, wenn er bereits dahin gelangt ist, wohin die östlichen Wege führen wollen. Trotzdem ist es wahr, dass selbst Menschen, die bis zu einem gewissen Grade zum mystischen Gebet gelangt sind, durch die östlichen Methoden auf ihrem Wege noch gefördert werden können.

Anderen aber, die noch nicht so weit fortgeschritten sind, die Benutzung der östlichen Meditationswege zu verbieten, ist geradezu unverantwortlich. Die Tatsache, dass auf diesem Wege auch einmal etwas schiefgehen kann, ist kein Grund für ein radikales Verbot. Da täte man besser, so weit als möglich für gute Anleitung in der Verwendung jener Methoden zu sorgen, und wo keine Führer vorhanden sind, solche heranbilden zu lassen. Manche Menschen können in große Not kommen, wenn man ihnen Hindernisse in den Weg legt. Es gibt auch im Westen – vom Osten gar nicht zu reden – viele Menschen, die entweder von Anfang an oder später nicht imstande sind, eine intentionale Meditation zu vollziehen. Zwar können auch sie die Fragen theologisch überdenken, aber auch längst nicht alle, die meditieren möchten oder sollten. Doch selbst wenn sie es können, so ist dieses Studium noch nicht christliche Meditation oder Gebet. Ordensleute zu zwingen, in der von der Regel vorgeschriebenen Zeit der Betrachtung sich in dieser Weise zu bemühen, ist geradezu grausam, ist Missbrauch des guten Willens des Nächsten. Es ist schmerzlich zu sagen, aber trotz aller Proklamation von Gewissensfreiheit auch in religiösen Dingen werden immer noch solche geistige Vergewaltigungen durchgeführt. Es soll gern zugegeben werden, dass die verantwortlichen Stellen das in bester Absicht tun. Meistens geht die Initiative gar nicht von ihnen unmittelbar aus. Sie gehen so vor aufgrund von Warnrufen solcher, die sich auch wieder in voller Überzeugung zu warnen verpflichtet fühlen. Auf der anderen Seite wird fast alles, was Gegenstand der Theologie ist oder sein kann und woran man bis vor Kurzem kategorisch festgehalten hat, infrage gestellt. Und wer etwas tiefer sieht und aufrichtig ist, muss trotz der unangenehmen Folgen für den nicht in diesen Dingen bewanderten Gläubigen zugeben, dass heute alles neu durchdacht und soweit wie möglich konkret und neu formuliert werden muss. So entsteht eine Pluralität in manchen, sogar wichtigen Fragen der Theologie. Aber wenn das schon so richtig ist, dann sollte man es doch auch dem Christen freistellen, wie er mit seinem Gott verkehrt. Denn das ist ja christliches Gebet und christliche Meditation. Wer einmal selbst erfahren hat, dass man durch inneres Schweigen Gott näher kommt als durch Denken und Reden, wird das verstehen.

Man könnte noch hinzufügen, dass es bei der Frage der Meditation um ein Teilproblem der allgemeinen Frage nach dem Primat der Vernunft geht. Die letzten zwei bis drei Jahrtausende waren für die Vernunft eine glorreiche Zeit. Man muss dankbar sein, dass es sie gegeben hat. Was der Mensch mit seinem Verstand in Wissenschaft und Technik, aber auch in der Geisteskultur geleistet hat, ist wirklich glorreich und des Menschen würdig gewesen. Aber es ist nun doch die Zeit eines „neuen Denkens" angebrochen. Damit stoßen wir auf das Thema vom „neuen Menschen", das natürlich auch nur andeutungsweise hier zur Sprache kommen kann. Das Denken müsste ein „mystisches" Denken sein, das vorurteilsfrei und intuitiv ist und die Wahrheit in einer neuen Dimension erfasst, die über das Dreidimensionale hinausgeht. Ohne das weiter zu erklären, dürfte es einleuchtend sein, dass der Mensch, der diese Entwicklung mitmacht, gar nicht anders kann, als sie auch auf religiösem Gebiet zu vollziehen. Das hat nun aber auch seine Auswirkung auf die Meditation. Sie sollte zur Gotteserfahrung werden, zur Beschauung im eigentlichen Sinne. Andere Weisen können je nach Veranlagung des Einzelnen als Vorbereitung dienen. Aber man darf nicht dabei stehen bleiben – eine Auffassung, die übrigens der große Mystiker Johannes vom Kreuz schon vor vierhundert Jahren klar ausgesprochen hat.

Das Gesagte gilt, wie schon angedeutet, in erhöhtem Maße von Christen, die in Ostasien beheimatet sind. Etwas überspitzt kann man sagen: Wenn es für die christliche Meditation wesentlich ist, dass sie im besagten Sinne intentional ist, so ist es für einen christlichen Asiaten nicht möglich, eine christliche Meditation zu vollziehen. Das Paradoxe ist dabei, dass die asiatischen Religionen weit kontemplativer sind als das Christentum heute im Westen.

Allgemein wird nicht nur den östlichen, sondern in der Gegenwart auch den christlichen Kontemplativen vorgeworfen, dass ihre Lebensweise eine Flucht sei. Bei den Letzteren weiß man natürlich und sagt es auch oft genug, dass das Christentum neben dem Streben nach dem eigenen Seelenheil immer auch die Beziehung zum Nächsten einschließen muss. Demgegenüber macht man den östlichen Kontemplativen den Vorwurf, dass sie sich auch nach ihren religiösen Auffassungen, zum Beispiel dem Buddhismus, um den Nächsten nicht zu kümmern brauchen. Dieser Vorwurf ist unberechtigt. Es ist einfach nicht wahr, dass der Buddhist für seinen Mitmenschen weder Interesse noch Liebe habe. Wer weiß, was das Bodhisattva-Ideal ist, nämlich dass der Heilige, der in das Nirvana eingehen könnte, freiwillig darauf verzichtet, bis alle Wesen erlöst sind, ersieht schon allein aus dieser Konzeption, dass der Vorwurf unberechtigt ist. Die Zen-Mönche erneuern dieses Gelöbnis jeden Tag und ganz besonders während der großen Übungen. Wer sich länger in Zen-Klöstern aufhält, ist erstaunt über das Verständnis und Wohlwollen, das er dort findet. Manches christliche Kloster könnte da noch etwas lernen. Gewiss geht auch dort vieles sehr „menschlich" zu. Die wahren Heiligen sind überall selten. Worauf es uns hier ankam, ist das Aufzeigen einer grundsätzlichen Einstellung.

Es ist eine interessante Beobachtung, dass die strengen Zen-Übungen, bei denen man sich ganz in sich selbst verschließt, ein Geöffnetsein zum Mitmenschen hervorbringen. Es ist freilich richtig, dass der Christ von seiner Religion und Weltanschauung her auf eine andere Weise zur Nächstenliebe kommt als der Buddhist und speziell der Zen-Mönch. Den Weg des Ersteren dürfen wir hier als bekannt voraussetzen. Was den Letzteren angeht, so hat uns Carl Albrecht darüber eine wertvolle Beschreibung hinterlassen:

„Die ursprüngliche ‚östliche' Liebe (wir dürfen vielleicht einmal dieses nichtssagende Eigenschaftswort gebrauchen) ruht auf drei Voraussetzungen:
1. sind die Reinkarnation, die Wiederverkörperungslehre, und die mit dieser zusammenhängende Karma-Lehre zu nennen. Diese fordern zu ihrem ehernen gesetzlichen Gang geradezu einen aus der Freiheit des Menschen möglichen Gegenwurf und entbinden darum den Versuch, einen Prozess der Loslösung aus dieser leidvoll erlebten Gesetzlichkeit in Bewegung zu setzen.
2. Hiermit hängt es zusammen, dass das Ich sich auf einem langen Weg der Bereitung, Askese und Erkenntnis lösen muss aus allen vordergründigen Fälschungen und Verstrickungen, aus allen Anhaftungen, dass es frei werden muss vom Begehren,

frei von allen Wünschen, jeder Lust, allen an den Weltinhalten haftenden Vorstellungen, frei von jedem Schmerz und jeder Sorge, jeder Ich-Erhöhungssucht und Macht. Dieser große Prozess des Lassens, des Loslassens, führt zur vollkommenen Ichlosigkeit, zur Findung des eigenen Selbst.

3. Wenn dann drittens noch in der Versunkenheit nach Aufhören des Denkens und Betrachtens die große Täuschung der scheinbaren Zerstückelung und Vereinzelung der Weltinhalte erschaut wird und das wahrhafte Einssein erfahren wird, wenn man erschauend und erfahrend weiß, dass in jedem Lebewesen, in jedem Tier, in anderen Menschen der gleiche eine Allgeist, Atman-Brahma, verhüllt ruht, dann ist der Pilger, der sich Versenkende zu einem Licht geworden, dessen Wärme und Helle in die Welt hineinleuchtet, dessen offene Zuwendung zu jedem anderen Lebewesen voll Erbarmen, voll Mitleiden, voll Milde, ja voll Liebe ist. Denn aller Hass ist erloschen, aller Neid, alle Eifersucht, alle Missgunst, alle Feindschaft ist in der Begehrungslosigkeit und Gelassenheit vergangen. In dem von allen negativen Bezügen und Anhaftungen entleerten Raum der Seele sind nur noch dispositive Bezüge der Wärme und des Wohlwollens verblieben.

So entsteht – wenn man es so nennen will – eine altruistische Verhaltensweise, die in vielem, rein äußerlich gesehen, dem Verhalten des von Agape besessenen Menschen ähnlich ist. Und doch: der Ursprung dieser Liebe kommt aus einer völlig anderen geistigen Situation, ja aus völlig anderen anthropologischen Gegebenheiten.“

Das In-sich-Gehen, die innere Sammlung, ist auch allgemein gesprochen kein Hindernis für die Beziehung zum Nächsten. Es hat gewiss zu allen Zeiten Menschen gegeben, die sich von der Außenwelt und ihren Mitmenschen absonderten, nicht nur vorübergehend und als Vorbereitung für eine vollkommenere Beziehung zum Nächsten und einen besseren Dienst an ihm. Es waren und sind die Einsiedler. Viele Menschen bezeichnen so etwas heute als „Weltflucht" mit einem rein negativen Akzent. Ist das wirklich richtig gesehen? Waren und sind die Einsiedler wirklich allesamt für die Menschheit nutzlose – etwas scharf gesagt – geistige Schmarotzer? „Sie sollten von ihren Bergen herabsteigen und arbeiten!" sagt der Mensch der Leistungsgesellschaft. Man braucht nur ein Gedicht von Isaak von Ninive zu lesen, um herauszufinden, dass auch das Leben dieser Einsiedler eine Bereicherung der Menschheit werden kann.[5]

Braucht es überhaupt eine eigene Weltanschauung, um zu wissen, dass Gottesliebe und Menschenliebe zusammengehören oder, etwas weiter gefasst, dass wahre Heiligkeit immer eine Beziehung zum Mitmenschen einschließen muss? Ist es nicht so, wie Carl Albrecht einmal gesagt hat: „Wer heil ist, der liebt die Welt"? Wer heil ist, „ganz" ist, ganz Mensch ist, der bedarf keines neuen Motivs mehr, „auch" offen zum Nächsten zu sein. Es ist doch nicht so, dass der Mensch seiner Natur nach von den Mitmenschen abgeschlossen ist und es einer Mühe bedarf, dieses Hindernis zu überwinden. Genügt es nicht, alle Hindernisse zu beseitigen, um offen zum Nächsten zu sein, wie das aus obigem Zitat ersichtlich ist? Es liegt nicht in der Natur des

Menschen, dass er seinen Mitmenschen beneidet und hasst, sondern dass er ihn liebt und ihm hilft.

Der übertriebene Dualismus kommt nicht vom Osten, sondern ist im Westen beheimatet und bisweilen zu einer Philosophie des Hasses ausgeartet, zum großen Ärgernis der Asiaten. In der Sicht des Ostens ist jeder wahre Heilige eine Bereicherung der Menschheit schon allein deswegen, weil es ihn gibt. Wir wollen gar nichts beschönigen, was auch in Asien auf religiösem und anderem Gebiet nicht in Ordnung ist. Es sollte nur einiges zu bedenken gegeben werden bezüglich der Gründe, die immer wieder gegen die Integrierung der östlichen Meditationsweisen im Christentum vorgebracht werden.

Noch ein letzter Punkt sollte in dieser Diskussion erwähnt werden: Man hört oft darüber klagen, dass der Kirchenbesuch abnimmt und andererseits die Weisen des Ostens überlaufen werden. Die Tatsache lässt sich wohl nicht bestreiten. Man fürchtet, dass durch die Verbreitung östlicher Methoden eine Infiltrierung mit dem Gedankengut der zugrundeliegenden Religionen stattfindet und viele Menschen so dem Christentum entfremdet werden. Diese Besorgnis vonseiten der christlichen Kirchen ist gewiss berechtigt. Bevor man ein endgültiges Urteil fällt, sollte man trotzdem einiges bedenken: Zunächst geht es den Menschen, die jene Lehrer der östlichen Meditation aufsuchen, gar nicht darum, eine andere Religion zu finden, die besser ist als das Christentum, dem man bisher angehört hat. Natürlich gibt es Ausnahmen. Den meisten geht es jedoch um etwas anderes. Man findet etwas bei den Männern des Ostens, was man heute in den Kirchen vermisst. Die echten unter ihnen haben eine „Ausstrahlung“, wie man heute sagt, die man bei den meisten Vertretern der Kirchen nicht findet. Hinzu kommt, dass sich viele Menschen mit dem Gebaren in den christlichen Kirchen nicht oder nicht mehr anfreunden können. Ob mit Recht oder Unrecht, das soll hier nicht erörtert werden. Dazu kommen viele Vorurteile, die sich im Laufe der Zeit festgesetzt haben und die verhindern, wenigstens das Gute zu sehen, das auch da ist. Kommt es aber von einer anderen als der kirchlichen Seite, so ist man eher empfänglich dafür. Andererseits suchen viele heute im Christentum manches vergeblich, was eben doch auch da ist oder in der Vergangenheit da war und nun anscheinend in Vergessenheit geraten ist. Zeigt man den im östlichen Gedankengut Suchenden die Parallelen mit den christlichen Mystikern auf, dann sind sie erstaunt über diese Neuigkeit. Man sollte sich immer wieder fragen, ob nicht doch etwas fehlt, was der heutige Mensch mit Recht erwartet. Die Menschen haben sich mit der Zeit geändert, wie jedermann weiß. Das betrifft auch den religiösen Menschen. Natürlich kann die hier zugrunde liegende Frage nicht von jemandem beantwortet werden, der nicht ganz in der religiösen Situation des Westens lebt, was sicher nicht auf den Schreiber dieser Zeilen zutrifft. Es gibt gewiss auch Priester und andere, die Antwort geben könnten, sich aber anscheinend scheuen zu reden, weil sie zu leicht missverstanden werden.

An dieser Stelle möchten wir nur noch auf einen Punkt aufmerksam machen, der auch zu unserem Thema gehört.

Es scheint, dass viele Menschen in der Liturgie trotz der vielen und guten Seiten, die sie dank der Reformen erhalten hat, das meditative Element vermissen und deswegen – vielleicht auch noch aus anderen Gründen – den Eindruck einer gewissen, der Sache nicht gerecht werdenden Äußerlichkeit bekommen. Demgegenüber sind sie tief beeindruckt von der religiösen Tiefe jener Apostel des Ostens.

Abschließend soll nochmals die Bitte ausgesprochen werden, wenigstens Verständnis zu haben für die Menschen, die in den östlichen Meditationswegen eine Hilfe finden, ihr christliches religiöses Leben, besonders das Gebet und die Meditation, zu vertiefen. Es soll gewiss niemand gezwungen werden, Zazen oder ähnliche Übungen zu machen, aber man sollte auch Freiheit in diesen Dingen lassen, zumal die Kirche, dem Zug der Zeit gerecht werdend, auch in so vielen anderen Dingen weitgehend Freiheit lässt, wo eine solche vor dem Konzil keineswegs bestand. Nur um dieser Freiheit das Wort zu reden, haben wir die Dinge in obigen Ausführungen bisweilen etwas hart gesagt. Der Leser möge Verständnis haben. Wenn man die innere Not so vieler Menschen sieht, kann man nicht schweigen.

Einige praktische Hinweise

Das Angebot des Ostens hat wenigstens eine gute Wirkung gehabt, die auch von jenen anerkannt werden sollte, die im Übrigen die Verwendung der östlichen Methoden nicht befürworten. Man ist für die Meditation allgemein zugänglicher geworden. Man sucht in der christlichen Vergangenheit nach alten Schätzen, die in der Gegenwart von großem Wert und sogar lebensnotwendig sein können. Es hat sich in etwa verwirklicht, was in einer Geschichte der Chassidim symbolisch dargestellt ist. Wir fassen kurz zusammen: In Krakau lebte vor vielen Jahren ein armer Jude, Eisik mit Namen, der eines Nachts im Traum die Weisung erhielt, er solle nach Prag gehen. Dort liege unter der Königsbrücke ein Schatz verborgen, den solle er ausgraben und mit nach Hause nehmen. Erst als sich der Traum noch zweimal wiederholt hatte, machte er sich auf und ging nach Prag. Dort angekommen, fragte er sich leicht durch bis zur Königsbrücke. Aber da stand Tag und Nacht eine Wache, und er fürchtete, dass er von der Wache festgenommen würde, wenn er anfange, unter der Brücke zu graben. Was sollte er tun? Er begann in einiger Entfernung von der Brücke zu suchen. Vom Wachtmeister, der das gleich gesehen hatte, gefragt, was er dort tue, erzählte er seinen Traum. Der Wachtmeister lachte ihn zuerst aus. Aber dann wurde er ernst und erzählte dem Juden, dass er einen ähnlichen Traum gehabt hätte. Es wurde ihm gesagt, dass in Krakau in dem Haus eines frommen Rabbi namens Eisik hinter dem Ofen ein

Schatz verborgen liege. Kaum hatte dieser seinen Namen nennen gehört, verabschiedete er sich von dem Wachtmeister und machte sich in größter Eile auf nach Krakau. Zu Hause angekommen, fand er gleich den Schatz in seinem eigenen Zimmer hinter dem Ofen.[6] Der arme Jude musste die weite Reise nach Prag machen, um zu erfahren, dass in seinem eigenen Haus ein Schatz lag. Es ist oft so. Die Menschen reisen um die ganze Welt, um das Glück zu finden, und eines Tages entdecken sie, dass das wahre Glück nur im eigenen Herzen zu finden ist. Durch den Kontakt mit den östlichen Religionen sind heute viele Menschen in christlichen Ländern auf die Mystiker der eigenen Religion aufmerksam geworden. Es ist eigentlich überraschend, dass das Gespräch über die Meditation gerade zu einer Zeit in Gang gekommen ist, da der Westen in den Errungenschaften der Wissenschaft und Technik geradezu schwelgt. Selbst im religiösen Raum lag dieses Gespräch fern. Es ist noch nicht lange her, dass man auf religiösem Gebiet nicht von „Erlebnissen" sprechen konnte, ohne in den Verdacht falscher Mystik zu kommen. Die Erinnerungen vergangener Jahre wirkten noch nach. Mystik war ein Tabu. Aber statt dessen wurde die gegenständliche oder intentionale Meditation, Betrachtung genannt, eifrig gepflegt. Das wurde anders, als man vor wenigen Jahren die Entdeckung machte, dass man im religiösen Leben zu sehr auf sich selbst bezogen sei und zu wenig auf den Mitmenschen. Dialog und nicht Betrachtung sei die Hauptsache. Auch Gott könne man nur im Mitmenschen begegnen. In diesem Sinne wurde die tägliche Betrachtung in vielen religiösen Gemeinschaften freigestellt oder sogar abgeschafft.

Heute, nur wenige Jahre später, ist das „Meditieren“ so weit verbreitet wie noch nie. Es besteht sogar die Gefahr, dass es eine Mode wird. Das würde bedeuten, dass es zum Selbstzweck entartet und gerade das, was durch die eigentliche Meditation erreicht werden sollte, erschwert wird. Das empirische Ich, das allmählich verschwinden sollte, um zum tiefsten Selbst und zu echter Freiheit zu kommen, würde dann durch die Meditation noch mehr gestärkt. Diese Krankheit im geistlichen Leben haben die Alten auch schon gekannt. Man nannte sie die geistige Gefräßigkeit. Die echte Meditation befreit und öffnet zum Mitmenschen. Die unechte schließt ab und nährt die Selbstsucht. Diese Gefahr ist besonders dann vorhanden, wenn die Meditation ohne eine religiöse Grundeinstellung geübt wird. Natürlich kann man auch aus therapeutischen Gründen meditieren. Soweit das klar ist, ist auch nichts dagegen einzuwenden. Umgekehrt kann die Meditation auch enttäuschen, nämlich dann, wenn man nicht jenen Fortschritt macht, den man erwartet hat. Wenn die Meditation nur als Mittel zur Beruhigung und als Hilfe zum Gleichmut, also für eine rein natürliche Zufriedenheit geübt wird, kann es geschehen, dass man sich eines Tages leer fühlt und enttäuscht ist. Denn damit allein ist der Mensch auf die Dauer nicht glücklich. Wir sprechen hier nicht von Menschen, die sich einem sittenlosen Leben hingeben und ihre Befriedigung in niederen Trieben und Leidenschaften suchen. Sie werden im Grunde nie glücklich. Sie sind immer auf der Flucht vor ihrem eigenen Gewissen und letztlich vor Gott. Wir sprechen von Menschen, die aufrichtig gut sein wollen. Wenn die Meditation in Verbindung mit einer Religion oder Weltanschauung geübt wird, dann ist sie eine Hilfe, nach dieser Religion zu leben, und enttäuscht nicht.

Dass eine intentionale Meditation eine Weltanschauung voraussetzt, ist selbstverständlich, denn sie hat einen Inhalt, über den meditiert wird. Das ist nicht so selbstverständlich bei jener Meditation, die keinen Inhalt in diesem Sinne hat. Aber auch sie ist in erster Linie dazu da, eine gegebene Weltanschauung oder einen religiösen Glauben zu festigen und zu vertiefen. Wer in diesem Sinne meditiert, wird seine Mühe immer belohnt finden.

In der christlichen Spiritualität gibt es viele *Betrachtungsmethoden*, die irgendwie gegenständlich sind, die von vielen Menschen wenigstens anfänglich mit Nutzen verwendet werden können. Welche von diesen und in welcher Ordnung sie anzuraten sind, richtet sich je nach der Veranlagung und Situation des Einzelnen. Darauf können wir hier nicht eingehen. Sich darüber informieren und beraten zu lassen, sollte auch in den christlichen Ländern nicht allzu schwierig sein. Uns geht es hier in erster Linie um die östlichen Methoden. Auch deren gibt es viele. Die im Westen gegenwärtig am meisten verbreiteten sind: Yoga, besonders Hata-Yoga, die schon erwähnte transzendentale Meditation, das Zazen und andere buddhistische Meditationsweisen, zum Beispiel Satipatthana. Das im deutschen Sprachgebiet weit verbreitete autogene Training erwähnen wir nicht, da es vordergründig als Therapie angewandt wird.

Diese Methode könnte aber wohl auch als religiöse Meditation ausgewertet werden, wie es zum Beispiel Carl Albrecht mit Erfolg getan hat. In einem Bändchen der Reihe *Alternativen*[7] werden in kurzen Artikeln nach einigen allgemeinen Fragen sechzig verschiedene Meditationsweisen zur Auswahl vorgestellt.

Wenn man sich zu einer Methode entschlossen hat, sollte man bei dieser bleiben, sie gründlich üben und nur aus triftigen Gründen mit einer anderen vertauschen. Die klassischen Methoden, Yoga, Zen und Satipatthana, erfordern eine gründliche Einführung, die nicht nur theoretisch, sondern auch praktisch, also mit Übungen verbunden sein sollte. Aber gerade bei den genannten Methoden sollte man auch bedenken, dass es einige Zeit braucht, bis sie die ihnen eigenen Wirkungen hervorbringen. Im Allgemeinen ist es nicht anzuraten, zwei Methoden miteinander zu vermischen. Manche schließen sich jedoch nicht einfach gegenseitig aus. Das gilt zum Beispiel von Hata-Yoga und Zen. Das ist verständlich, da der Hata-Yoga vorwiegend in körperlichen Übungen besteht, obwohl es letzten Endes auch dort auf das Geistige ankommt. Gar keine Schwierigkeit bietet der Übergang von Hata-Yoga zu Zen, wie das schon viele Leute erfahren haben. Aber auch dann ist es anzuraten, einige Yoga-Übungen beizubehalten. Solche Yoga-Übungen werden neuerdings auch bei mehrtägigen Zen-Kursen zur Entspannung zwischendurch gemacht. Das ist jedoch eine Erfindung des Westens. In den Zen-Klöstern kennt man das nicht. Ein Meister, darüber gefragt, was er davon halte, sagte: „Wir haben Samu [körperliche Arbeiten, die aber während der großen Zen-Übungen nur etwa eine halbe Stunde, meistens morgens nach dem Frühstück, getan werden], und außerdem ist Zazen auch eine Entspannungsübung." Im Westen können solche Entspannungsübungen, Yoga oder andere, besonders für Anfänger eine willkommene Hilfe sein.

Im Westen kommt zur Auswahl der Methode auch noch die Frage der Anpassung an den westlichen Menschen hinzu. Zen ist zum Beispiel in Asien in engster Verbindung mit dem Buddhismus entstanden und gewachsen. Die Frage liegt nahe, ob das Zen – darauf kommt es uns in erster Linie an – so, wie es in Asien bis zur Stunde geübt wird, für den Westen geeignet ist. Was die buddhistische Herkunft betrifft, so ist die Frage schon wiederholt besprochen worden und soll hier nicht erneut erörtert werden. Übrigens haben die Erfahrungen gezeigt, dass die Übung des Zazen dem Christus-Gläubigen nicht nur nicht schadet, sondern ihm sogar von großem Nutzen sein kann. Aber da ist noch die Frage, ob die vorgeschriebene Sitzweise und Atmung, nicht zuletzt auch die innere Haltung des Nichtdenkens so, wie das alles vollzogen wird, für den Westen passend sind oder ob sie erst angepasst werden müssen. Die Anpassung kann zum Beispiel in einer für den westlichen Menschen leichter vollziehbaren Sitzweise bestehen. Anstatt am Boden könnte man auf einem Stuhl sitzen. Bezüglich der Atmung, so wie sie im Zen üblich ist, dürfte auch für den westlichen Menschen keine erhebliche Schwierigkeit bestehen. Beim Nichtdenken gibt es eigentlich keine Anpassung, denn entweder denkt man oder man denkt nicht. Von den

Entspannungsübungen wurde schon gesprochen. Was darin und in anderen Bereichen an Anpassung notwendig ist und wie es bestens geschieht, kann nicht vom Osten her bestimmt werden. Dies muss durch die Fachleute im Westen entschieden werden. Hier möchten wir nur ein paar allgemeine Dinge sagen, die bei der konkreten Anpassung berücksichtigt werden sollten.

Es sei zunächst darauf hingewiesen, dass bei den Anpassungsbemühungen die Gefahr besteht, dass Wesentliches verloren geht. Die seit Jahrhunderten allmählich eingespielten Gewohnheiten haben doch zum großen Teil etwas mit dem Wesentlichen zu tun. Es bedürfte eines eingehenden Studiums, um diese Situation völlig zu klären. Wer etwas ändert, ohne die Dinge gründlich zu kennen, setzt sich der Gefahr aus, wertvolle Details zu verlieren. Zen kann wirklich erstaunliche Wirkungen haben, wenn die Erfahrungen der Vergangenheit, die in den kleinen, anscheinend unwichtigen Normen inkorporiert sind, nicht außer Acht gelassen werden. Man hofft vielleicht, durch gewisse Erleichterungen ein bestimmtes Ziel schneller zu erreichen. Aber das täuscht oft. Und wenn es doch zu gelingen scheint, so bleibt noch die Frage, ob das Erreichte zum sicheren Besitz geworden ist. Zen ist harte Arbeit. Daran kommt man nicht vorbei. Es braucht Ausdauer, um das zu erlangen, was Zen auch dem westlichen Menschen geben kann. Nehmen wir, um die Sache konkret zu machen, ein Beispiel: Man legt bei einem Zen-Kurs, wo sonst zehn Meditationen gehalten werden, dreimal eine halbe Stunde Entspannungsübungen ein und beschränkt die Zahl der Meditationen auf sieben. Sicher ist das eine große Erleichterung, und mancher freut sich schon während des Zazen auf die nächste Entspannungsübung (was übrigens total falsch wäre). Ob in der Gesamtwirkung ein Vorteil erzielt wird gegenüber dem, der die zehn Meditationen ohne Entspannungsübungen durchhält, müsste festgestellt werden. Vielleicht ist es umgekehrt. Wenn es durchgestanden wird, werden die Zen-Übungen selbst zu Entspannungen. Sonst aber nicht oder erst viel später. Besser schiene es mir, einen Weg zu finden, während des Zazen selbst die Verspannung zu lösen, was auch möglich zu sein scheint.

Wenn es einem nur darauf ankommt, vorübergehend zu einer gewissen Ruhe zu gelangen, gibt es andere Methoden, die leichter sind und schneller zum Ziel führen. Es gibt auch Menschen, die aus diesem Grund mit einer leichteren Methode beginnen und eine Zeitlang mit den Ergebnissen zufrieden sind. Nach einiger Zeit aber können sie sich doch nicht damit begnügen und kommen dann zum Zen. Wir haben jedoch nicht die Absicht, die verschiedenen östlichen Meditationsweisen miteinander zu vergleichen und gegeneinander abzuwägen. Das ist schon deshalb nicht angebracht, weil es in allen Methoden verschiedene Grade gibt, wobei im höchsten Grad schließlich alle zum Letzten und Besten führen wollen und auch können, wenn sie ganz durchgeführt werden. Jedenfalls sollte man keine abwertenden Urteile über eine Methode fällen, die man nicht gründlich und möglichst aus eigener Erfahrung kennt.

Nun gibt es auch Menschen, die ein echtes und starkes Bedürfnis fühlen nach Meditation in der Art der östlichen

Methoden. Da sich aber keine regelmäßige Gelegenheit zu ein und derselben Methode bietet, nehmen sie alles mit, was an östlicher Meditation auf sie zukommt. Die Meister des Ostens würden das kaum befürworten. Sie würden sogar noch weiter gehen und daran erinnern, dass man nur *einem* Meister folgen sollte, selbst innerhalb derselben Meditationsweise, sei es Yoga oder Zen. Dass dafür gute Gründe bestehen, ist leicht einzusehen. Es gibt dazu auch Parallelen in der christlichen Spiritualität. In der ostkirchlichen Mystik wird darauf sogar noch strenger bestanden als zum Beispiel im Zen. Der Grund dafür ist dort der, dass der Heilige Geist, der eigentliche Seelenführer, sich nur durch den einmal bestimmten Seelenführer mitteile. Im Westen, besonders in Europa, gibt es kaum Zen-Meister, die dort einen ständigen Wohnsitz haben. Dazu kommt, dass nicht jeder Zen-Meister für jeden geeignet ist. Die obige Regel lässt sich daher nicht durchführen. Erfreulicherweise mehrt sich aber die Zahl derer, die wenigstens eine Einführung geben und auch bis zu einem gewissen Grad weiterführen können. Nun gibt es aber noch eine andere Möglichkeit, die nicht übersehen werden sollte. Unter den Priestern und anderen tiefgläubigen Menschen gibt es manche, die, wenn auch nicht im Zen bewandert, sich doch in den mystischen Gebetsweisen auskennen. Auch sie können für Christen, die Zen-Übungen machen, gute Ratgeber sein, vorausgesetzt, dass sie nicht ein unüberwindliches Vorurteil gegen östliche Meditationsweisen haben, was bei solchen Menschen aber selten der Fall sein dürfte. Immerhin, wie die Verhältnisse gegenwärtig noch sind, tut man gut daran, die seltenen Gelegenheiten, bei einem guten Meister zu üben, auszunützen.

Wenn man beim besten Willen gar keine Gelegenheit findet, von irgendjemandem eingeführt zu werden, kann man sich auch mit einer schriftlichen Einführung für den Anfang begnügen. Wir dürfen hier nochmals auf die in dem Buch *Zen – Weg zur Erleuchtung* gegebenen ausführlichen Anweisungen hinweisen. Ein paar ganz kurze Bemerkungen mögen aber auch hier am Platz sein, selbst auf die Gefahr hin, dass sie für manche Leser eine Wiederholung darstellen:

Bei der Meditation (Zazen) sitze man möglichst auf dem Boden, also nicht auf einem Stuhl. Wenn man den vorgeschriebenen Lotussitz nicht vollziehen kann, sollte man doch so sitzen, dass die Knie den Boden berühren. Auf jeden Fall muss der Oberkörper einschließlich des Kopfes gerade aufgerichtet sein. Das muss auch beim Sitzen auf dem Stuhl geschehen, und man sollte sich dabei nicht anlehnen. Die Augen bleiben halb geöffnet und sehen, ohne zu fixieren, auf eine Stelle am Boden in einer Entfernung von einem Meter vom Körper. Das Atmen soll durch die Nase erfolgen und möglichst Tiefatmung sein, die mithilfe des Zwerchfells getätigt wird. Zwischen Einatmen und Ausatmen soll keine längere Pause sein. Man soll also den Atem nicht anhalten. Der ganze Körper soll entspannt sein. Die innere Haltung besteht, kurz gesagt, im Nichtdenken. Da es schwierig ist, die Haltung beizubehalten, ohne in einen Zustand des Dösens zu verfallen, hilft man sich mit verschiedenen Weisen einer Konzentration auf den Atem oder auf ein Koan, das heißt ein logisch unlösbares Problem. Ein eigentlich religiöses Meditationsthema wird nicht gegeben. Im Wesentlichen besteht die innere Haltung darin, dass man sich auf nichts einlässt, was kommen mag: Gedanken, Vorstellungen, Gefühle oder sonst etwas. Das spontane Auftreten solcher Phänomene ist unvermeidlich, schadet dem Zen aber nicht, wenn man sich nicht darauf einlässt. Wenn man keine der angegebenen Hilfen benutzt, nennt man diese Haltung „shikan-ta-za", das heißt „Nur-Sitzen" (da shikan = nur, Ta = so, za = sitzen). Dabei liegt ein starker Akzent sowohl auf dem „Nur" wie auf dem „Sitzen". „Durchsitzen" könnte man es nennen. Dieses „Nur-Sitzen" ist das eigentliche Zazen.

Fassen wir nun das Ergebnis unserer Untersuchung kurz zusammen: Der „Grund", das Gemüt oder der Mutterschoß, in dem der religiöse Glaube und die religiöse Erfahrung ihren Ursprung haben, ist durch die einseitige Betonung der Ratio in unserer westlichen Kultur unfruchtbar geworden. Der dort beheimatete und vielleicht immer noch vorhandene Glaube ist sozusagen verschüttet worden. Wenn man die innere Disposition des westlichen Menschen so sieht, kann man verstehen, dass durch die Übung einer Meditation, die wie das Zazen die Ratio ausschaltet, der Glaube wieder frei und lebendig werden kann. Weiterhin versteht man, dass der geistige Mutterboden, der durch die Ratio sozusagen steril geworden ist, wieder fruchtbar wird, wenn das Übergewicht (der Ratio) durch die Eigenart der östlichen Meditation beseitigt wird. Ebenso ergibt sich, dass die vorwiegend mit Verstand und Willen vollzogene Betrachtung nicht geeignet ist, diesen Mangel zu ersetzen oder diese Unfruchtbarkeit zu heilen. Denn sie arbeitet ja gerade mit jenen Kräften, die das Unheil angerichtet haben. Damit wird der Wert der Betrachtung in sich gesehen nicht herabgesetzt; denn zu ihrer Zeit ist sie oder kann sie wenigstens sehr fruchtbar sein.

Wie schon gesagt, ist das religiöse Gefühl und sind allgemein die geistigen Gefühle bei vielen Menschen unserer Zeit abgestumpft. Das heißt aber nicht, dass alle menschlichen Gefühle mehr oder weniger abgestorben seien. Im Gegenteil, der Mensch sucht nun in den sinnlichen Gefühlen Ersatz. Vielleicht besser gesagt: Diese Gefühle brechen in einem Extrem auf, wie man es früher kaum gekannt hat. Erinnert sei nur an Sex und Brutalität. Dazu kommen andere Haltungen, die zum Teil harmlos und sogar berechtigt sind, aber nicht geistig. Ohne Gefühl und nur vom Verstand kann der Mensch nicht leben. Genauso wie die Erfahrungen auf dem Gebiet der höheren, geistigen Gefühle den Menschen davor bewahren können, ein Sklave der niederen Leidenschaften zu werden, so ist die Sterilität der geistigen Gefühle eine Gefahr, umso mehr Befriedigung in den sinnlichen Gefühlen zu suchen. Aber das gelingt auf die Dauer nicht. Denn der Mensch kann seine Leidenschaften befriedigen, aber die Leidenschaften können den Menschen nicht befriedigen. Der Wechsel vieler Jugendlicher unserer Zeit vom Rauschgift zu Zen und anderen östlichen Meditationsweisen ist in dieser Sicht gar nicht so überraschend.

Trotz dieser im Augenblick verzweifelten Situation, die das Übermaß an Ratio herbeigeführt hat, wäre es falsch, den bisherigen Weg des Menschen als Irrweg zu bezeichnen. Diese Entwicklung war eigentlich mit der Natur des Menschen gegeben. Eine Zeit der Hochblüte der Ratio ist ihr durchaus entsprechend und des Menschen würdig, und wir möchten auch heute nicht entbehren, was auf diesem Weg geleistet worden ist. Aber dabei ist etwas Wichtiges versäumt worden, das aufgearbeitet werden muss, damit die Leistungen in der materiellen Kultur dem Menschen zum Segen und nicht zum Verhängnis werden. Vielleicht musste alles so kommen, damit der Mensch jetzt den Schritt zum Arationalen tun kann, das heißt auf religiösem Gebiete: zur mystischen Erfahrung.

Jan Gebser sagt vom „neuen Menschen“: „Dieses neue Zeitalter ist eine Überwindung der vorhergehenden rationalen Epoche, die zudem stark antireligiös geformt war, und es ist zugleich die Gegenströmung zu dem unchristlichen Nihilismus unserer Tage. Damit ist auch gesagt, dass dieses Zeitalter nicht mehr antireligiös sein kann. Nur das rationale Denken ist antireligiös; das arationale wird, schon seiner Transparenz wegen, ein neues, gestärktes Verhältnis zur Religion gewinnen.“[8] Der Osten hat nie eine eigentliche Periode des Rationalen wie wir im Westen gehabt. Man weiß freilich nicht, ob ihm eine solche Zeit nicht noch bevorsteht. Es hat den Anschein, als ob er sich darauf zubewegt. Bisher sind in den östlichen Religionen das Arationale, die Auflösung der Gegensätze und das Erfassen des Ganzen typisch, im Gegensatz zum westlichen Denken, in dem bisher die Tendenz des Scheidens der Dinge voneinander vorherrschend war. Gerade aus diesem Grund sollte man in der gegenwärtigen Not das Angebot des Ostens nicht ablehnen, sondern annehmen. Das aber kann konkret auf dem Weg der Meditation geschehen. Es wäre wirklich sehr zu wünschen, dass diese Zusammenhänge von allen, die an leitender Stelle im religiösen Bereich stehen, klar erkannt und berücksichtigt würden, wenn sie wichtige Entscheidungen zu treffen haben. Das gilt ganz besonders auf dem Gebiet, von dem wir sprechen. Andernfalls kann wohlmeinenden Menschen, die ernstlich eine Stärkung und Vertiefung ihres religiösen Lebens in dieser weitgehend areligiösen Zeit suchen, ein nur schwer wiedergutzumachender Schaden zugefügt werden.

Hinzu kommt, dass die Stimmen derer, die das Vordringen der östlichen Wege glauben verhindern zu müssen, über kurz oder lang von selbst verstummen werden. Denn es handelt sich hier eben nicht nur um eine Mode, sondern um mehr. Es geht um ein ernstes Anliegen innerhalb der großen Umwandlung, die sich gegenwärtig im menschlichen Denken vollzieht. Man sollte sich auf diesen neuen Standpunkt stellen und, anstatt die Anwendung östlicher Meditationsmethoden zu verhindern, dafür Sorge tragen, dass sie zur rechten Zeit und in der richtigen Weise benutzt werden.

Wir möchten noch einen anderen Punkt kurz erwähnen: Es ist kein Geheimnis, dass sich die christlichen Ordensgemeinschaften in einer Krise befinden. Es ist inzwischen auch klar geworden, dass diese Krise, die sich konkret im starken Zurückgehen der Berufe und auf der anderen Seite in der großen Zahl von Austritten bemerkbar macht, nicht in einem allgemeinen Schwund an religiösem Glauben ihren Grund hat. Man hat längst erkannt, dass eine Anpassung an die neue Zeit dringend notwendig ist. Darüber werden in allen Orden seit dem Konzil viele und ernste Überlegungen angestellt. Dabei geht es natürlich nicht nur um die Meditation, sondern noch um viele andere, nicht weniger wichtige Dinge. Trotzdem hat in diesem Prozess der Umwandlung die Frage des Gebetes allgemein und der Meditation im Besonderen eine einzigartige Bedeutung. Kurz gesagt: Wenn diese Frage nicht wirklich gelöst wird, wenn also nicht eine Art der Meditation gefunden wird, die den heutigen Menschen anspricht, so helfen alle anderen Reformen nichts. Denn wie jeder zugeben wird, ist das Gebet der Lebensnerv des Ordenslebens. Diese Frage ist die dringendste und könnte verhältnismäßig leicht gelöst werden, während viele andere Fragen lange Zeit brauchen werden, bis sie eine befriedigende Lösung gefunden haben. Ist einmal die Frage des Gebetes und der Meditation gelöst, dann fließt den Menschen die Kraft zu, so lange auszuharren, bis auch die anderen Fragen gelöst sind. Ein Beweis dafür sind die kontemplativen Orden – so wenigstens kann man die Sache sehen. Sie haben in den meisten Ländern auch heute noch viele Berufe und finden mehr als andere im Gebet die Kraft auszuharren, vorausgesetzt natürlich, dass die einmal aufgenommenen Mitglieder wirklich die Berufung zu dieser Lebensweise haben. Denn es ist nicht so, dass in diesen Orden alles so ist, wie es heute entsprechend der neuen Zeit sein sollte. Auch dort müsste vieles neu überdacht werden, was die Vertreter des kontemplativen Lebens sehr wohl wissen. Aus besagtem Grund ist andererseits die Lösung der Frage der Meditation ganz besonders dringlich in den aktiven Orden; denn ihre Gebetszeiten sind kurz, und ihre Mitglieder sind vielfach gerade wegen des Mangels an Berufen überarbeitet, sodass ihnen eine intentionale Betrachtung oft bei bestem Willen nicht möglich ist. Dagegen ist die tiefere Meditation, wenn sie einmal erlernt ist, für Körper und Geist eine Erholung.

Die Bedeutung der östlichen Meditation für den „neuen Menschen"

In den bisherigen Ausführungen haben wir hauptsächlich den Einzelmenschen ins Auge gefasst und dabei speziell die Zen-Meditation besprochen. Unser Thema überspannt jedoch einen weiteren Rahmen. Es sollte nicht nur den Menschen als einzelnen, sondern auch die Menschheit als ganze umfassen. Außerdem darf man sich nicht auf die Zen-Methode beschränken, sondern sollte auch andere östliche Meditationsweisen einschließen. Das Zen ist nur ein Beispiel von vielen. Mit einer solchen einseitigen Auswahl könnte leicht der Eindruck erweckt werden, als ob mit Vorzug an Japan gedacht sei, wo ja heute das Zen am stärksten vertreten ist. Auch das wäre eine Einschränkung, die uns fernliegt. Wenn man schon eines der ostasiatischen Länder als Mittelpunkt oder Ausgangspunkt wählt, könnte das nur Indien sein, das ja auch die Heimat des Buddhismus ist, aus dem sich das Zen entwickelt hat. Das gilt trotz der Tatsache, dass der Buddhismus in Indien heute nicht mehr die Bedeutung hat wie in den ersten Jahrhunderten seines Bestehens und das Zen als Meditationsweise dort kaum mehr als dem Namen nach bekannt ist.

Tatsächlich hat Meditation nicht nur eine Bedeutung für viele Einzelmenschen, sondern für die ganze Menschheit. Es besteht kein Zweifel daran, dass die Menschheit an einem Wendepunkt ihrer Geschichte steht wie kaum je zuvor. Manche gehen so weit zu sagen, dass das, was sich heute in der Menschheit zu vollziehen beginnt, dem ersten Auftreten des Menschen überhaupt, das heißt dem Schritt vom Tier zum Menschen in seiner Bedeutung nicht nachsteht. Der Durchbruch der Vernunft als leitender Kraft des Menschen, den wir im Westen gewöhnlich mit Platon ansetzen, war gewiss groß und folgenschwer, aber das Zeitalter der Vernunft hat, wie schon erwähnt, seinen Höhepunkt überschritten. Man kommt wohl nicht mehr an der Tatsache vorbei, dass der menschliche Geist als solcher einer Entwicklung fähig ist, die man früher kaum geahnt hat. Nur einige ganz große Menschen, die ihrer Zeit voraus waren, haben dies gesehen. Es seien nur Teilhard de Chardin im Westen und Sri Aurobindo im Osten genannt. Wie der eine und der andere bzw. die anderen – auch Lecomte du Nouy verdient hier genannt zu werden – das im Einzelnen beurteilen, ist für uns jetzt nicht wichtig. Wichtig ist vielmehr, dass eine solche Entwicklung des Menschen möglich ist. Die genannten Vertreter sagen einstimmig, dass sie einmal eintreten muss und auch eintreten wird. Diese Tatsache scheint für das Schicksal der Menschheit gegenwärtig wichtiger zu sein als alles andere. Nach Teilhard ist diese Möglichkeit und Notwendigkeit von je her in der menschlichen Natur grundgelegt. Sri Aurobindo vertritt die Ansicht, dass der „Übergeist", wie er dieses Neue nennt, nicht im Menschen selbst begründet sei, sondern von „oben" gegeben werden müsse und schon begonnen habe, auf die Menschheit herabzukommen. Beide sind der Meinung, dass die neue Entwicklung des Geistes auch die Materie, also den menschlichen Leib, mit einschließen werde und dass der Mensch am Ende dieses Prozesses unsterblich sein würde. Wir stehen hier vor einer neuen Interpretation der Eschatologie, des „neuen Himmels und der neuen Erde", um in den Worten der Bibel zu reden. Mancher mag diese Ausblicke für Hirngespinste halten, die letztlich wieder für immer untertauchen werden. Andere verzweifeln ganz an der Menschheit oder glauben, dass eben doch die Vernunft ein Goldenes Zeitalter herbeiführen könnte. Ihr Glaube an die Allmacht der Vernunft ist noch unerschüttert. Wir können hier natürlich nicht versuchen, eine Bilanz der verschiedenen Lösungsmöglichkeiten zu ziehen. Sicher kann und soll die Vernunft uns auch weiter verbleiben und vielleicht oder sogar sicher noch größere Dinge als bisher auf dem Feld der Wissenschaft, Technik und anderen Gebieten bescheren.

Andererseits ist der Mensch gerade durch die Leistungen der Vernunft in die größte Not geraten. Die ganze Welt ist bereits psychisch krank, und die Krankheit schreitet mit Riesenschritten fort. Das gilt wenigstens von der westlichen Welt. Die östliche Hälfte, die Wissenschaft und Technik vom Westen übernommen hat und sie sich immer mehr zu eigen macht, wird, falls der Prozess in der gegenwärtigen Richtung fortschreitet, demselben Schicksal nicht entgehen. Japan steht heute auch in den unvermeidlichen Folgen der Technisierung des Lebens in Asien an der Spitze. Das gilt auch von der Vergiftung der Luft infolge der Industrie. Indien, von dem die Kulturen Ostasiens zum großen Teil ausgegangen sind oder wenigstens stark beeinflusst wurden, steht gewiss gegenwärtig noch weit zurück hinter den westlichen Ländern, was moderne Wissenschaft und Technik betrifft. Viele meinen auch, dass es in geistiger und besonders in religiöser Beziehung seine einstige Größe verloren habe und die Tage gezählt seien, bis es von der materiellen Kultur, die mit der Industrialisierung auch für diesen Subkontinent kommen wird, absorbiert würde.

Demgegenüber meinen andere, dass Indien berufen sei, in der bereits begonnenen neuen Entwicklung der Menschheit der „Guru der Welt“ zu werden. Sicher leben in Indien noch geistige Kräfte, die im Grunde religiös sind, obwohl man angesichts von so viel Armut und Not daran zu zweifeln geneigt ist. Es ist eine Tatsache, dass Indien besonders an gewissen geistigen Brennpunkten eine unwiderstehliche Anziehungskraft auf den westlichen Menschen ausübt. Wer einmal in Tiruvannamalai im Ashram von Ramana Maharshi auch nur einige Tage zugebracht hat, weiß, was das heißt. Solche Orte gibt es im Westen heute kaum noch. Es ist bestimmt keine Übertreibung zu sagen, dass Indien etwas zu geben hat, dessen der Westen in der gegenwärtigen Lage dringend bedarf. Fragt man, was das ist, so ist zu antworten: Es ist das meditative, kontemplative Element. In Indien waren Kontemplation und mystische Erfahrungen von alters her mehr zu Hause als in irgendeinem anderen Land. Die Theorien einer glücklicheren Menschheit stimmen in der Überzeugung überein, dass sie in der Zukunft einmal verwirklicht werden, wenn auch diese Verwirklichung vielleicht erst nach Tausenden oder Millionen

Jahren möglich sein wird. Das ist zunächst nur eine Behauptung. Wir sollten daher als Zweites die Frage stellen, ob sich die Verwirklichung dieser großen Vision durch entsprechendes Verhalten des Menschen selbst beschleunigen lässt. In Sri Aurobindos Ashram in Pondicherry, der auch von Ausländern viel besucht wird, versucht man durch den Integralen Yoga ganz bewusst eine neue Lebensweise zu finden, die auf die beschleunigte Annäherung eines glücklicheren Zustandes der Menschheit eingestellt ist. Sri Aurobindo sagt: „Wenn eine spirituelle Entfaltung auf Erden die verborgene Wahrheit unserer Geburt in die Materie hinein ist, wenn das, was sich in der Natur abgespielt hat, im tiefsten Grunde eine Evolution des Bewusstseins ist, kann der Mensch, wie er jetzt ist, nicht das letzte Wort sein, das diese Evolution zu sprechen hat. Als ein Ausdruck des Geistes ist er zu unvollkommen, und sein Geist ist als Form zu eng, als Werkzeug zu beschränkt; der Geist ist nur eine mittlere Stufe des Bewusstseins, das geistige Wesen kann nur eine Stufe des Überganges sein. Wenn folglich der Mensch nicht fähig ist, über das geistige Dasein hinauszugelangen, muss er überstiegen werden, und der Übergeist und der Übermensch müssen auf der Bildfläche erscheinen und die Führung der Schöpfung übernehmen. Wenn aber sein Geist fähig ist, sich dem zu öffnen, was über ihn hinausgeht, besteht kein Grund, warum nicht der Mensch selbst zum Übergeist und zur Übermenschheit gelangen sollte oder zumindest seine Geistigkeit, sein Leben und seinen Körper einer Evolution jenes mächtigeren Wortes, das durch den in der Natur sich offenbarenden Geist seinen Ausdruck finden wird, verfügbar machen sollte."[9]

Sri Aurobindo selbst glaubte, dass es dem Menschen schon heute möglich sei, unsterblich zu werden. Darüber kann man natürlich verschiedener Meinung sein. Auf jeden Fall muss man diese Ansicht im Rahmen der Gesamtkonzeption Aurobindos sehen. Bekanntlich ist auch Teilhard in seiner Zukunftsschau der Meinung, dass der Mensch am Ende seiner Entwicklung unsterblich sein wird. Auf die Gründe für diese Auffassung können wir hier natürlich nicht eingehen, und das ist auch nicht notwendig. Es kommt heute darauf an, den richtigen Ansatz für das Ziel einer glücklichen Menschheit im besagten Sinne zu finden. Ob man die Sache nun vom rein natürlichen Standpunkt ansieht oder von einem religiösen Glauben, der Gott als Schöpfer anerkennt: Es kann auf keinen Fall die Bestimmung des Menschen sein, unglücklich zu leben und schließlich an den Widersprüchen seiner Existenz auszusterben. Es muss einen Weg für den Menschen geben, glücklich zu werden. So viel Optimismus sollten wir uns stets bewahren.

Der oben angedeutete Ansatz ist nun doch der, dass der Mensch sein tiefstes Selbst findet. Denn nur dadurch kann er auf die Dauer die ihm von außen drohenden Gefahren bannen. Dass viele Menschen in dieser Richtung schon jetzt eine Lösung suchen, ist kein Zufall. Das ist so, weil der Mensch im tiefsten Selbst dem Absoluten begegnet. Christlich gesprochen: „Das Verhältnis des Menschen zum Wort Gottes ist zur nie endenden Beglückung und Verwunderung aller Beter immer beides: Die Einkehr in das innerste Ich ist immer gleichzeitig auch die Auskehr des Ich zum höchsten Du. Gott ist nicht so das Du, dass er einfach ein anderes fremdes Ich mir gegenüber wäre. Er ist im Ich, aber auch über ihm. Weil er über ihm ist als das absolute Ich, darum ist er, im menschlichen Ich das tiefste Ich begründend, mir innerlicher als ich mir selbst."[10] Alois Haas sagt in Verbindung mit Heinrich Seuse: „Bedingung der Möglichkeit der mystischen Vereinigung mit Gott ist und bleibt jedoch für den Mystiker die fundamentale Entdeckung des eigenen Ich."[11] Kurz vorher zitiert derselbe Autor Jean Paul: „An einem Vormittag stand ich als sehr junges Kind unter der Haustür [...], da hatte mein Ich zum ersten Mal sich selber gesehen und auf ewig."

Die östlichen Meditationsweisen gehen nun gerade auf die intuitive Erfahrung des letzten Selbst aus. Ramana Maharshi ermahnte seine Schüler immer wieder, sich zu fragen: Wer bin ich? Die Zen-Erleuchtung ist die Intuition des tiefsten Selbst. So weit decken sich die östlichen Erfahrungen mit denen der christlichen Mystiker. Wie sich diese Erfahrung des Weiteren auswirkt, ist nicht in jeder Mystik und jedem Menschen gleich. Der christliche Mystiker – wie auch der Sufi-Mystiker – geht über das Selbst, dessen Existenz er jedoch bejaht, hinaus zu Gott, wo er seine Ruhe findet. Der Buddhist erfährt das Absolute nicht personal, sondern apersonal. Daher bleibt auch er nicht beim Selbst stehen, sondern seine Erfahrung ist solcher Art, dass sich das Selbst im Absoluten auflöst. Es hat wohl auf beiden Seiten den Irrtum gegeben, beim Selbst stehenzubleiben. Le Saux sagt zu dieser Erfahrung: „Denn in dem Maße, wie der Mensch in sich eindringt, dringt er auch in Gott ein, und in dem Maße, wie er in Gott eindringt, gelangt er auch zu sich selbst. Will er Gott wirklich finden, so muss er bis zu jener Tiefe seiner selbst hinabsteigen, wo er nur mehr das Bild Gottes ist, wo sich an seinem Grundquell nur noch Gott findet. Vorher gelangt der Mensch unmittelbar stets nur zu Gott, wie sein Denken oder Bewusstsein ihn widerspiegelt. Zweifelsohne geht seine Liebe weiter als seine Erkenntnis, sodass die Flamme seiner Liebe direkt zum Herzen Gottes geht. Allein es gibt auch Tiefen der Liebe, die nur möglich scheinen, wenn die letzten Falten des Seins klargelegt sind."[12]

Es läuft schließlich darauf hinaus, dass der „neue Mensch" Mystiker werden soll und kann. Sein Erkennen wird nicht nur ein verstandesmäßiges, sondern auch ein „mystisches" Erkennen sein. Das aber setzt voraus, dass alle Hindernisse, die der mystischen Erfahrung im Wege stehen, beseitigt werden durch die Läuterung, von der alle Mystiker in Ost und West wissen. Man hat schon seit langer Zeit im christlichen Bereich – nicht in den Hochreligionen Ostasiens – darüber gestritten, ob alle Menschen zur Mystik berufen seien. Heute muss diese Frage von Neuem gestellt werden, mit Rücksicht auf den neuen Menschen. Die Antwort ist nicht selbstverständlich dieselbe für die Vergangenheit und Zukunft. Vielmehr scheint es, als ob das, was früher ein besonderes Privileg einiger weniger war, in Zukunft allen zugedacht ist, die sich ernstlich und in richtiger Weise darum bemühen. Die

Häufigkeit mystischer Erfahrungen in den letzten Jahrzehnten ist auffällig. Desgleichen ist es ungewöhnlich, dass sie oft von solchen gemacht wurden, die nicht in Klöstern lebten, sondern einen weltlichen Beruf hatten. Während die Mystik in der Vergangenheit im sakralen Raum zu Hause war, scheint sie neuerdings diese Schranken zu durchbrechen und in den profanen Raum hinauszugehen. Es ist ja schon so weit gekommen, dass die Meditation, die früher in der Ordensregel vorgeschrieben war, mancherorts freigestellt oder sogar abgeschrieben ist, während man in der profanen „Welt" überall von Meditation redet und sie übt.

Wenn die Perspektive, die hier nur angedeutet werden konnte, richtig ist, so hat die Meditation im Allgemeinen, und damit auch die östliche Meditation, soweit sie jedem Einzelnen möglich ist, nicht nur für diesen, sondern auch für die Menschheit allgemein eine entscheidende Bedeutung. Sollten wir uns nicht mehr um ein Verständnis dessen bemühen, was im Grunde gegenwärtig mit der Menschheit vor sich geht? Es ist gewiss wahr, dass wir mit den drängenden Fragen der Menschheit wie Krieg und Grausamkeit, Hunger und Not von Millionen überwältigend in Anspruch genommen sind und sein müssen. Es fehlt die Muße, weitschauende Pläne zu machen. Und doch: Solange wir immer nur Löcher stopfen, damit irgendwo abgeholfen oder Schlimmeres für eine Zeitlang verhütet wird, kommen wir aus der Not nicht heraus. Die Kräfte des Menschen müssen von innen erneuert und neue Kräfte geweckt werden, die in der menschlichen Natur latent vorhanden sind, bis ein neuer Mensch aus den Trümmern der alten Welt geboren wird, der sich eine Welt schaffen kann, die seiner würdig ist und ihn glücklich macht. Man spricht viel von einer besseren Welt, die man schaffen möchte. Sollte man sich nicht noch mehr um eine glücklichere Welt bemühen, in der es echte Freude gibt, und Wege suchen, die Menschen glücklicher zu machen trotz aller Bedrängnis, die sie umgibt?

Wir sollten uns dabei nicht scheuen, vom Osten in der Form der dort entwickelten Meditation Hilfe anzunehmen. Das ist nicht deshalb zu befürworten, weil der Osten faszinierend ist, sondern weil wir trotz aller Errungenschaften seelisch geschwächt sind. Eine geistige Bluttransfusion vom Osten in dem Sinne könnte uns nur helfen. Denn es geht gar nicht darum, eine andere Religion an die Stelle des Christentums zu setzen, sondern genau darum, unser Christentum zu stärken. Wir haben eine neue Liturgie geschaffen, aber die religiöse Erneuerung, die man davon erwartet hatte, ist doch noch kaum zu spüren. Die „geistige Erde" ist nicht genügend bereitet. Darum kommt die schönste Liturgie bei gar zu vielen Menschen nicht recht an. Weitere Verbesserungen, die auch erwünscht sind und gewiss mit der Zeit kommen werden, sind jetzt weniger dringend, als dass der seelische Grund durch die Meditation dafür empfänglich gemacht wird. Die Ruhe, die durch die östliche Meditation erlangt wird, hat eben doch auch für den Christen ihre Bedeutung. Carl Albrecht hat einmal gesagt: „Auch sagen die Mystiker – die man in ihrem Erkennen sehr ernst nehmen muss –, dass die stehende Gegenwart der ‚Ort' ist, wo die Ewigkeit die Zeit berühren kann. Wenn die Seele alles in der Zeit Seiende ‚gelassen' hat, von allem entleert in der totalen Ruhe verweilt, dann steht die Zeit und wird von der Ewigkeit überformt."

Eine neue Dimension im religiösen Bereich

Man spricht heute bisweilen vom Bild eines „modernen" Heiligen im Gegensatz zu dem, was man sich früher darunter vorgestellt hat. Dabei wird vor allem betont, dass und wie sich dieser den veränderten Lebensverhältnissen in der Welt anpassen würde. Das gilt im Wesentlichen auch für jeden Christen, der es ernst meint mit seiner Religion. Die Trennung zwischen Kirche und Welt, wie sie sich durch die Säkularisierung entwickelt hat, lässt sich nicht mehr aufrechterhalten. Der Christ soll die Welt nicht mehr als das Draußen betrachten, sondern als das Drinnen, in dem er selbst zu Hause ist. In einen weiteren Rahmen gefasst würde das heißen, dass die Grenzen zwischen sakralem und profanem Bereich allmählich verschwinden. Das gilt nicht nur vom Christentum, sondern auch von anderen Religionen, soweit sie in einer säkularisierten Welt weiterhin existieren wollen.

Es wäre aber ein großer Irrtum zu meinen, mit einer äußerlichen Anpassung sei es schon getan. Die innere ist viel wichtiger, aber auch schwieriger.[13] Wie jedermann weiß, ist der Prozess der äußeren Anpassung in der katholischen Kirche schon im vollen Gang. Das gilt besonders von den Ordensgemeinschaften, die sich wohl ausnahmslos in einer schweren Krise befinden, die durch den Rückgang der Berufe und die große Zahl der Austritte gekennzeichnet ist. In diesem Sinne haben zum Beispiel viele, sogar kontemplative Orden die bisher in der Regel vorgeschriebenen Bußübungen ganz oder zum Teil aufgegeben. Manche gehen noch weiter und sehen es auch ungern, dass einige ihrer Mitglieder solche Gewohnheiten aus eigener Initiative beibehalten. Ähnliche Maßnahmen wurden in vielen äußeren Dingen in den letzten Jahren durchgeführt, wenn auch zunächst nur zur Probe. Auf diesen sehr großen Fragenkomplex im Einzelnen einzugehen ist natürlich nicht möglich. Stattdessen möchten wir dazu von der Sicht auf die Zukunft, die schon mit dem „neuen Menschen" angedeutet wurde, in Form eines Bildes Stellung nehmen:

Wenn ein Haus so baufällig ist, dass es nicht mehr ausgebessert werden kann, so tut man gewiss gut daran, es abzureißen und ein neues zu bauen. Aber kluge Leute behelfen sich noch mit dem alten Haus, machen vielleicht auch noch einige ganz dringende Reparaturen, konzentrieren sich im Übrigen aber ganz auf den Neubau, bis dieser fertig ist und sie dort einziehen können. – Wir sind heute so weit, dass wir alle irgendwie fühlen: So geht es auf die Dauer nicht weiter. Das Alte muss verschwinden, und ein Neues muss kommen. Es zieht ein neues Zeitalter herauf, das so fundamental verschieden ist von allem Bisherigen, dass es mit Reparaturen des Alten nicht getan ist. Entweder bejahen wir diese Wirklichkeit und handeln entsprechend, oder wir setzen uns der Gefahr aus, dass wir eines Tages unter den Trümmern des alten Hauses begraben werden. Dieser Tatsache sollten wir klar in die Augen sehen. Manche Menschen wollen das nicht wahrhaben, weil sie sich fürchten. Andere wollen das alte Haus abreißen, ohne zu wissen, wo und wie sie ihr neues Haus bauen können und sollen. Wir leben in einer Zeit des Überganges und müssen behutsam vorangehen: denn die echten Werte, die im alten Haus waren, sollten im neuen integriert erhalten bleiben. Der Mensch der Zukunft wird sich vielleicht kaum noch an das erinnern, was gewesen ist. Er wird sich kaum vorstellen können, wie man mit einer so primitiven Denkweise zufrieden sein konnte, auf deren Errungenschaften wir heute so stolz sind.

Für das richtige Verhalten in der Übergangszeit, in der wir jetzt leben, ist noch eines von großer Bedeutung, nämlich, dass wir wenigstens einigermaßen wissen, wo es hingeht, wenn auch das letzte Ziel noch fern ist oder zu sein scheint. Darüber möchten wir noch einige Gedanken vorlegen.

Jan Gebser, der das „neue Denken“ in seinen Schriften eingehend behandelt, spricht in diesem Zusammenhang von der vierten Dimension. Er sagt, dass die neue Weltsicht nicht mehr wie die bisherige rational und dreidimensional und daher perspektivisch vorstellbar ist, sondern arational und vierdimensional. Erst durch das Hinzukommen der vierten Dimension kann das Ganze wahrgenommen werden. Aber es ist zeit-raum-frei und kann daher nicht mehr perspektivisch vorgestellt werden. Die Entwicklung des menschlichen Denkens ging vom Irrationalen zum Rationalen und wird im nun anbrechenden Zeitalter weitergehen zum Arationalen. Das Irrationale war *noch nicht* vorstellbar. Das Rationale ist vorstellbar. Das Arationale ist *nicht mehr* vorstellbar. Diese Gedanken mögen für manchen beängstigend sein. Aber wie Gebser darlegt, sind sie durchaus wissenschaftlich begründet, und es muss mit ihrer Verwirklichung gerechnet werden. In Wirklichkeit bedeuten sie eine Befreiung. Mit dem vierdimensionalen Denken wird der rationale Dualismus aufgehoben, was in der Wissenschaft schon zum Teil geschehen ist. So ist zum Beispiel „der Dualismus Energie – Materie durch Einstein aufgehoben worden; der von Korpuskel und Welle als Erscheinungsformen der Materie durch die neue Wellenmechanik eines Schrödinger; ein anderer Dualismus, jener von Seele und Körper, durch die psychosomatische Forschung, und der philosophische von Essenz und Existenz stellt sich als unhaltbar heraus“[14]. Die Entwicklung geht sichtlich auf eine Überwindung des Dualismus hin. Diese Beispiele „zeigen uns, in welchem Grade die Welt nicht mehr nur ein räumlich fassbares Gegenüber für uns ist, das wir perspektivisch fixieren können [...]. Wir sind nicht mehr in derselben Weise an den Raum gebunden und damit perspektivisch fixiert, wie es für frühere Zeiten der Fall war; wir haben uns von der Perspektive, durch die wir das räumliche Gegenüber darstellen konnten, gelöst und befreit ...“[15]

Die Frage ist nun: Wie wirkt sich all das auf den religiösen Bereich aus? Was war bisher das Ideal eines christlichen Heiligen? Offenbar gehörte dazu ein unerschütterlicher Glaube an die geoffenbarte Wahrheit, wie sie in der Heiligen Schrift enthalten ist. Dieser Glaube musste um jeden Preis gewahrt und bekannt werden bis zum Einsatz des Lebens. Dasselbe galt für ein sittenreines Leben durch treue Beobachtung der Gebote Gottes, so wie der Einzelne dies in seinem Gewissen verstand. Die Kirche hat daher auch immer an erster Stelle den Heroismus der Tugend verlangt, damit einer ihrer Gläubigen als Heiliger öffentlich anerkannt werden konnte. Wer alles das immer und überall beobachtete, wurde als Heiliger betrachtet. Es wurde dagegen nie verlangt, dass er auch mystische Erfahrungen gehabt haben müsse, wenn auch viele und vielleicht sogar die meisten Heiligen solche Erfahrungen, die bisweilen auch mit Wunderkräften verbunden waren, wirklich gehabt haben. Rechnet man noch hinzu, dass all das sich auch in der Beziehung zum Mitmenschen, besonders der Liebe bis zum Heroismus, auswirken musste, so war das in wenigen Worten das Bild des christlichen Heiligen. Dieses Bild dürfte mit gewissen Änderungen, die sich aus der zugrunde liegenden Weltanschauung ergeben, außerhalb des Christentums ebenfalls zutreffen und auch in Zukunft unerlässlich sein. Fragen wir uns nun, wie demgegenüber das Bild des christlichen Heiligen der Zukunft aussehen wird, so kann keine Rede davon sein, dass dieses Bild einfach ausgelöscht werden müsste. Die Frage ist vielmehr, ob eine Vervollkommnung möglich ist im Sinne der neuen Weltsicht, das heißt im Hinblick auf die großen Möglichkeiten, die mit dem neuen Denken gegeben sind. Es ist in diesem Zusammenhang beachtenswert, dass die großen Religionen Ostasiens schon immer und auch jetzt noch eine weitere Forderung stellten und stellen. Das ist die mystische Erfahrung, wie sie dort verstanden wird, nämlich die „Selbstverwirklichung", Erleuchtung, höchster Grad des Samadhi, oder wie man es nennen will. Mit einem Wort: Der

Heilige muss auch ein „Weiser“ oder „Erleuchteter“ sein, wobei in den östlichen Religionen das Letztere den Vorrang hat. Damit soll kein Vergleich angestellt werden bezüglich der Wertschätzung. Es geht hier wenigstens zunächst um etwas anderes, um etwas, das mit der Entwicklung des Menschen zusammenhängt. Es muss gefragt werden: Besteht die Vollkommenheit des Heiligen darin, dass er trotz innerer und äußerer Hindernisse bewahrt und im praktischen Leben verwirklicht, was ihm sein Glaube bzw. sein Gewissen vorschreibt? Das mag bis heute und vielleicht auch weiterhin eine Zeitlang bejaht werden können. Aber wird das auch mit dem großen Umbruch, der oben angedeutet wurde, so bleiben?

Gerade das muss infrage gestellt werden. Denn solange der Mensch noch aus innerem oder äußerem Zwang handelt, wenn auch nur im Sinne der Abhängigkeit von einem Gesetz oder einer Vorschrift, hat er noch nicht jene persönliche Freiheit, die ihm als Mensch zugedacht ist. Das bestätigt nicht nur die biblische Auffassung vom Ursprung des Menschen, wonach dieser in voller Freiheit und ohne Zwang gut war, sondern auch von seiner Vollendung nach dem Tode, wo auch die Freiheit bestehen bleibt, aber so, dass sie nicht missbraucht wird. Wenn wir im Rahmen des Diesseits vom Tod bleiben wollen, sollte der Mensch der Endzeit sein wie Christus, der von innen her keine Versuchung kannte, sondern eins mit dem Vater war. Mit anderen Worten: In dem oben entworfenen Bild des Heiligen der Vergangenheit und Gegenwart fehlt noch ein Letztes, das dem Menschen zugedacht ist, nämlich: dass jeder Zwang aufhört. Es fehlt noch ein letzter Schritt, freilich ein großer, nämlich das Bewusstwerden seiner wesentlichen Beziehung zum absoluten Sein. Diese Erfahrung allein genügt dann freilich nicht, sondern sie muss sich darin auswirken, dass der Mensch Schritt für Schritt umgewandelt wird, bis es für ihn eine Selbstverständlichkeit geworden ist, aus der Beziehung zum absoluten Sein zu handeln. Christlich gesprochen ist das die mystische Vereinigung mit Gott und das Wirken aus dieser Beziehung heraus, sodass er wirklich mit Paulus sagen kann: „Ich lebe, aber nicht ich, sondern Christus lebt in mir." Dann wird auch ein neues Denken möglich, das man ein mystisches Denken nennen kann und das weit zuverlässiger ist als das gegenständliche Denken. Der Dualismus wird endgültig überwunden in der Vereinigung, die bewusst geworden ist und sich auf das Verhalten des Menschen auswirkt. Wenn aber das dem Menschen schon von Natur aus zugedacht ist und die Zeit gekommen ist, wo es nicht mehr eine Ausnahme bildet, sondern die Regel sein kann und sollte, dann gehört es doch wohl auch zur Heiligkeit des Menschen, dieses Ziel zu erreichen.

Man kann theoretisch einen Unterschied zwischen dem Weisen und dem Heiligen machen. Der Erste ist im Osten gekennzeichnet durch die große Erleuchtung, die allerdings dann auch die Umwandlung des Menschen zuwege bringen muss. Das besagt, dass der Mensch auch ethisch wirklich vollkommen ist, soweit das in diesem Leben möglich ist. Es ist nämlich auch denkbar, dass ein Mensch im besagten Sinne ein Weiser oder Erleuchteter ist und trotzdem weit zurückbleibt hinter einem Heiligen, wie wir ihn vorher als christlichen Heiligen der Vergangenheit beschrieben haben. Dieser Letztere kann als Mensch höher einzuschätzen sein als ein Weiser, bei dem sogar die Gefahr besteht, dass er moralisch versagt, wenn er es nicht auch bis zur ethischen Umwandlung bringt.

Trotzdem sollte in der Zukunft auch der Heilige zur Erleuchtung kommen, das heißt im christlichen Bereich zur mystischen Vereinigung. Diese Eigenschaft scheint uns bei der Frage nach dem Heiligen der Zukunft weit wichtiger als die Verschiedenheiten, die sich aus den Zeitumständen und veränderten Lebensverhältnissen mehr oder weniger notwendig ergeben. Es kommt aber noch etwas hinzu. Der Heilige sollte auch die Aufgabe erfüllen, seinen Mitmenschen Vorbild und Führer zu sein. Dies aber kann er nur, wenn er jene Erfahrungen selbst hat, zu denen er seinen Mitmenschen verhelfen soll. Das wird aber gerade in der neuen Zeit, die anzubrechen beginnt, eine besonders wichtige Aufgabe sein.

Damit kommen wir wieder zur Meditation, die das Hauptmittel zur Erreichung dieses Zieles ist. Auch die gegenständliche Meditation kann dabei von Nutzen sein, allerdings nur in dem Sinne, dass sie eine Vorbereitung zur Meditation im eigentlichen Sinne ist. Es gibt sogar eine Zeit, wo sie geradezu zum Hindernis werden kann, wie das aus dem Gesagten hervorgehen dürfte. Graf Dürckheim bemerkt zu diesem Sachverhalt treffend: „Die christliche Skepsis oder Ablehnung gegenüber den Übungen, die das Ich einklammern, entsteht oft durch die Sorge, dass mit dem Ich zusammen auch Gott eingeklammert werden könnte. Ihre Weisung lautet daher: Sich keinen Augenblick von Gott oder Christus abwenden, eindeutig in diesem Gegenüber bleiben! Damit ist aber auch etwas gefordert, das die volle Personwerdung gefährdet. Man raubt dem Übenden die Möglichkeit des vertrauensvollen Eintauchens in den übergegenständlichen Grund, in dem allein das Ich mit seinem verhärteten Gottesbild untergehen, an dem allein der eigentliche Personkern aufgehen kann und in dem allein der Mensch jenen Gottesruf vernimmt, der mehr ist als eine Gegenstimme zu seinem fürchtenden und wünschenden Welt-Ich."[16]

Manchem mag es scheinen, dass das auf den letzten Seiten angedeutete Ziel gar zu fern liegt. Zugegeben, dass diese Perspektive der Zukunft richtig ist – so wird man sagen –, aber ihre Verwirklichung wird doch erst nach tausend oder gar Millionen Jahren möglich sein. Was hilft uns das jetzt? Freilich, wenn der Mensch dieses Ziel weder sieht noch auch sich bemüht, ihm näher zu kommen, dann ist uns in der gegenwärtigen Not nicht damit geholfen. Nur einige Menschen, denen es im Übrigen nicht zu schlecht geht, werden sich an diesen Träumen ergötzen. Aber das Ermutigende ist, dass wir die Möglichkeit haben, dieses Ziel in unsere Nähe zu rücken. Jan Gebser sagt am Schluss des Kapitels über die vierte Dimension: „Eine Fülle von Aufgaben wartet unser. Eine beglückende Fülle sinnvoller Arbeit auf allen Gebieten. Möglichkeiten tun sich auf, die noch vor fünfzig Jahren niemand auch nur zu ahnen gewagt hätte. Nur wahres Leben, wahres Fühlen, wahres Denken können den Nihilismus und die Anthropozentrik überwinden, sind Gewähr dafür, dass eine neue Weitsicht realisiert und damit die scheinbare Sinnlosigkeit des heutigen Geschehens überwunden wird."[17]

Noch wichtiger und ermutigender ist vielleicht der Gedanke, dass jeder einzelne Mensch dazu beitragen kann, den Weg zur Verwirklichung dieses Zieles zu verkürzen. Im Zen würde man sagen: Wo immer ein Mensch die Erleuchtung erlangt, da wird das Universum erleuchtet. Christlich gesprochen: Wo ein Mensch zur mystischen Vereinigung kommt, da wird ein Markstein gesetzt, der den Weg für uns alle abkürzt. Umso mehr gilt das für jede Gruppe von Menschen, die sich um dieses Ziel bemüht und anderen hilft, es zu erreichen. Jedes beschauliche Ordenshaus, jeder Aschram und jedes Exerzitienhaus, das in dieser Weise seine Aufgabe erfüllt, ist wie ein elektrisches Kraftzentrum, das den Menschen Licht und Kraft bringt. Dem Menschen sind ja mit der neuen Weltzeit Möglichkeiten gegeben wie nie in der Vergangenheit. Wenn wir sie nur benützen, wird von selbst ein Weltgewissen entstehen, dem man auf die Dauer nicht widerstehen kann, und schließlich wird der noch widerstrebende Teil der Menschheit integriert, und viele Probleme, die heute noch unlösbar scheinen, werden sich lösen. Es ist in die Hand des Menschen gelegt, das ferne Ziel näherzurücken, vielleicht viel näher und schneller, als wir ahnen. Nur muss er es klar sehen und die Mittel ergreifen, die ihm schon jetzt zur Verfügung stehen.

Anmerkungen

1 Es versteht sich von selbst, dass ein so weites Thema wie die Frage nach der Bedeutung östlicher Meditation im christlichen Raum in der hier gebotenen Kürze nicht erschöpfend behandelt werden kann. Es sollen nur einige Gedanken und Anregungen dazu vorgelegt werden. Für weitere Informationen sei daher kurz angegeben, worüber die bisherigen Veröffentlichungen des Verfassers (in den folgenden Anmerkungen kursiv hervorgehoben) handeln: *Zen – Weg zur Erleuchtung* (Wien 1960) vermittelt erste Eindrücke und Erfahrungen von den in japanischen Zen-Klöstern gemachten Übungen und gibt eine erste Interpretation des Zen nebst genauen Anweisungen für den Vollzug der Zen-Meditation. – *Zen-Buddhismus* (Köln 1966) bietet eine ausführliche Darstellung des Zen aufgrund weiterer Erfahrungen und Gespräche, zeigt dessen weltanschaulichen Hintergrund und historisches Werden und bringt nach einer Gegenüberstellung zu anderen buddhistischen Methoden als wichtigsten Teil eine Konfrontierung mit der christlichen Mystik. – In *Zen-Meditation für Christen* (München 1969) wurde die Möglichkeit der Verwendung des Zazen (Zen-Meditation) als christliche Meditation noch klarer herausgearbeitet, wobei die mit den Teilnehmern an mehrtägigen Zen-Übungen gehaltenen Aussprachen besonders berücksichtigt wurden. – Zuletzt erschien *Meditation als Weg zur Gotteserfahrung. Eine Anleitung zum mystischen Gebet* (Köln 1972), worin unter anderem versucht wurde, das Geschehen während der Meditation durch tiefenpsychologische Erwägungen zu erhellen.

2 *C. Albrecht*, Psychologie des mystischen Bewusstseins, *Bremen* 1951. – *Ders.*, Das mystische Erkennen, *Bremen* 1958.

3 Über die hier angedeuteten Zusammenhänge vgl. *C. von Korvin-Krasinski*, Ein Beitrag zum Thema Gott ist tot, *in:* Heuresis. Festschrift für Andreas Rohracher – 15 Jahre Erzbischof von Salzburg, *hrsg. v. Th. Michels, Salzburg* 1969.

4 Vgl. auch C. von Korvin-Krasinski, Die geistige Erde, Zürich 1960.

5 Vgl. *Zen-Buddhismus*, 231f.

6 Vgl. M. Eliade, Mythen, Träume und Mysterien, Salzburg 1966, 86f.

7 Heft 8: Meditation, bearbeitet von H. Gaus – A. Schlereth, München 1971.

8 J. Gebser, In der Bewährung, Bern 1962, 65.

9 Sri Aurobindo, The Life Divine, 753f. – Vgl. Satprem, Sri Aurobindo. Das Abenteuer des Bewusstseins, Weilheim 1970, 236.

10 H. U. von Balthasar, Das betrachtende Gebet, Einsiedeln 1960, 272.

11 A. *Haas*, Nim din selbes war. Studien zur Lehre der Selbsterkenntnis bei Eckhart, Tauler und Seuse, *Freiburg / Schweiz* 1972, 206.

12 *H. Le Saux*, Indische Weisheit – Christliche Mystik, *Luzern* 1968, 120.
13 Vgl. K. Rahner, Frömmigkeit heute und morgen, in: Geist und Leben, Heft 5, 1966, 396ff.
14 J. Gebser, a. a. O., 64.
15 Ebd.
16 K. von Dürckheim, Überweltliches Leben in der Welt, Weilheim 1972, 102. – Vgl. auch J. B. Lotz, Meditation im Alltag, Frankfurt 1966.
17 J. Gebser, a. a. O., 66.

topos taschenbücher

Saskia Wendel

Christliche Mystik

Eine Einführung

133 Seiten

Band 527

ISBN 978-3-8367-0527-1

www.topos-taschenbuecher.de

topos taschenbücher

Stefan Schlager

Die Weltreligionen

Ein Crash-Kurs

205 Seiten

Band 805
ISBN 978-3-8367-0805-0

www.topos-taschenbuecher.de

topos taschenbücher

Johanna Sattler

Wege der Begegnung mit Gott

Formen des meditativen Gebets

144 Seiten

Band 667
ISBN 978-3-8367-0667-4